Voyage au pays des psys

Isabelle Giordano

Voyage au pays des psys

Albin Michel

© Éditions Albin Michel, 2006

« Celui de mes malades qui me préoccupe le plus, c'est moi-même. »

Sigmund Freud
à son ami Wilhelm Fliess.

Avant-propos

Qui sont exactement ces nouveaux « gourous » omnipotents ? Pourquoi ont-ils pris tant d'importance dans nos sociétés ? Pour éviter d'en faire soit des guérisseurs charismatiques, soit des dieux dont on consulte les oracles, tentons d'entendre ceux qui sont souvent condamnés au silence. Et pour désacraliser ces hommes et ces femmes en passe de devenir nos nouvelles idoles, pourquoi ne pas prendre le temps de les écouter ? C'est l'objectif que je me suis fixé avec ce livre d'entretiens.

Contestée ou adulée, la psychanalyse se partage entre piédestal et disputes de chapelle. Critiquée mais bien vivante, elle s'insinue dans les écoles, les tribunaux, les entreprises, les médias, et chaque événement plus ou moins catastrophique est désormais accompagné de son inévitable « cellule psychologique ». Déjà championne dans la consommation de psychotropes, la France est devenue le pays du « tout-psy ». Certains d'entre eux ont même pris l'habitude de donner, à tout bout de champ, leur avis sur les sujets de société. La polémique déclenchée par la proposition de réglementation avancée par le député Bernard Accoyer, comme par les critiques du

Voyage au pays des psys

Livre noir de la psychanalyse[1], révèle que la psychanalyse, comme le prédisait Jacques Lacan, est devenue « un symptôme, révélateur du malaise de notre civilisation ».

D'où vient ce besoin d'écouter l'autre ? Que se cache-t-il derrière cette compassion ? Pourquoi un individu fait-il le choix de se confronter à la souffrance d'autrui ?

Est-il possible de s'en protéger ? Pourquoi, se demande Serge Tisseron avec malice, « rester enfermé à écouter quelqu'un hurler sa souffrance alors qu'il fait beau dehors ? ». Nul ne choisit impunément sa spécialité – psy pour enfants, psychiatre ou thérapeute de couple... –, le vécu de chacun a son importance dans ces différents choix.

Nous allons exceptionnellement changer de focale, d'habitude concentrée vers l'analysé et ses émois, pour découvrir l'envers du miroir. Qui n'a jamais rêvé de connaître ce qui se passe dans la tête d'un psy ? Loin de moi l'idée d'usurper la place du psychanalyste, ma curiosité me pousserait plutôt vers les coulisses, l'arrière-boutique d'une profession méconnue, voilée de mystère. Comme lorsque Jung évoquait l'existence, dans certaines civilisations ancestrales, de chamanes surnommés les « guérisseurs blessés ».

Je vous propose de lever un coin du rideau, de vous confronter à ces « inconscients bien faits ». Quant à moi, j'ai tenté de les convaincre d'évoquer les raisons de leur engagement, leurs fêlures personnelles. Puisque la psychanalyse est le royaume de la parole, il fallait bien qu'un

---

[1]. Éditions Les Arènes, 2005.

Avant-propos

jour les psys parlent d'eux, de leur manière de pratiquer, de leur regard sur les patients, de leurs responsabilités et même de leur rapport à l'argent. Dans quel état le psy termine-t-il ses journées ? Comment gère-t-il ses propres difficultés ? « À la fin de ma journée de travail, confie l'un d'eux, j'ai l'impression d'être une poupée de chiffon que l'on a malaxée et piétinée. » S'ensuit un grand besoin de solitude.

Psychanalystes, psychiatres, psychologues qui s'expriment ici sont des êtres de chair et de sang. Ils évoquent leur enfance, l'origine de leur vocation, leurs déceptions et leurs convictions.

Tous ont accepté – qu'ils en soient remerciés – de relever le défi avec sincérité, en se prêtant au jeu des questions et de la réflexion, sans trahir bien entendu les règles du secret professionnel.

Tous évoquent un métier épuisant et passionnant, « plein de la fureur du monde », qui a littéralement transformé leur vie. Puissent ces récits réconcilier avec la psychanalyse ceux qui sont fâchés avec elle, et pousser à la réflexion ceux qui la sacralisent.

Et maintenant, poussons la porte...

Michèle Freud

« Être dans l'écoute totale. »

Michèle Freud est l'arrière-petite-fille de Sigmund Freud. C'est une femme élégante, douce, à la diction parfaite et attentive au choix de chaque mot. Juriste pendant dix ans, elle a ensuite opéré une reconversion soudaine vers la psychothérapie. Elle est aujourd'hui psychothérapeute et sophrologue, spécialiste réputée de la gestion du poids et du stress. Elle est l'auteur de deux livres sur ces thèmes. Son cabinet est installé chez elle, à Saint-Raphaël : une maison entourée d'arbres centenaires qui donne l'impression d'être isolée de tout. Pour elle, accueillir les patients dans un tel cadre de verdure est déjà une manière de se déconnecter et de dé-stresser.

Michèle Freud a longtemps hésité avant d'accepter cet entretien, car elle ne parle jamais de son ascendance familiale. Pour elle, l'interview n'est pas une chose anodine. Sans doute parce que son cheminement ne fut pas tracé d'avance. Elle a finalement profité d'un court séjour parisien pour répondre à mes questions. L'interview se déroule dans le bar d'un grand hôtel, en compagnie de sa fille, une adolescente très attentive à cette histoire, puisqu'elle l'entend et la découvre aujourd'hui dans ses recoins.

Voyage au pays des psys

Isabelle Giordano : Le nom de Freud a-t-il parfois été un handicap pour vous ?

Michèle Freud : Oh oui ! Ce n'était pas évident. Il suffit que je décline mon identité pour qu'on me regarde comme une bête curieuse, un objet de dissection ou encore comme une poussière d'étoile. Ce nom peut être un sésame qui ouvre certes des portes, j'en suis consciente et suis très attachée à l'idée de rester à la hauteur de ce nom, de ne pas en faire n'importe quoi. Dans les séminaires et formations que j'anime, souvent les gens me disent a posteriori combien ce nom les impressionne. Si bien que maintenant, en début de session, je leur suggère d'oublier mon nom et de se rappeler que j'ai aussi un prénom.

Lorsque certaines personnes me présentent, elles ne peuvent s'empêcher de faire référence à mon aïeul, ce qui fausse d'emblée la relation et me met mal à l'aise. En tous les cas, ce nom ne laisse pas indifférent. Un jour, avec ma collaboratrice, nous prenions l'avion pour animer un séminaire à Paris. Un agent de la sécurité à l'aéroport m'a demandé mon passeport et lorsqu'il a vu mon nom, il s'est exclamé : « Ah, c'est vous madame Freud, je connais bien votre mari », et il nous a sorti la célèbre formule d'Einstein : $E = mc^2$. « Vous voyez, je n'ai pas oublié ! » a-t-il dit avec enthousiasme. C'était plutôt drôle.

Être « psy », est-ce un aboutissement logique lorsque l'on porte ce nom ?

Je ne sais pas. Pour moi, en tous cas, il n'y a rien eu de logique dans mon parcours. J'ai utilisé des chemins de traverse pour y parvenir, en commençant d'abord par des études de droit. Comme disait Coluche : « J'ai fait droit et tout le reste de travers ! » J'y ai été poussée par mon père qui était farouchement opposé à la psychanalyse. Une sorte de réaction sans doute épidermique que j'ai tenté d'analyser ensuite. Comment dire ? Il me semble que la psychanalyse a vraiment occupé trop de place dans la vie de mon père et il en a fait un véritable rejet. Et surtout, d'après lui, ce n'était pas un métier.

Sigmund a eu six enfants dont Ernest, son fils cadet, mon grand-père, marié à Lucie (qui est aussi mon deuxième prénom), ma grand-mère paternelle. Ils ont eu trois enfants : Stephan, Lucien, le peintre surréaliste à la renommée mondiale, et mon père Clément. En 1938, au moment de l'Anschluss, tout ce petit monde est parti pour Londres et mon grand-père qui était architecte s'est beaucoup investi pour trouver et aménager la maison de Sigmund, située à Maresfield Gardens. Cette maison dans laquelle Sigmund a vécu durant un an a été sa dernière demeure puisqu'il y est mort en 1939. Elle est aujourd'hui transformée en musée. Anna y est restée et a continué son œuvre. Je crois que mon père, à cette époque, a été un peu ballotté. Il a quitté l'Allemagne à l'âge de huit ans, ne parlant pas un mot d'anglais ; il s'est retrouvé avec ses frères certes dans les meilleurs pensionnats d'Angleterre, mais à des centaines de kilomètres du domicile de ses parents, très affairés par l'installation de cet illustre aïeul. Mon grand-père était aussi l'exécuteur testamentaire de Sigmund, il a même contribué avec ma grand-mère à la réalisation d'un livre illustré de très belles photos d'Engelman, un photographe viennois venu immortaliser Freud et sa maison au 19 Berggasse à Vienne quelques jours avant l'exil pour Londres.

L'intérêt porté à cet aïeul, sa renommée, tout cela a sans doute été un peu encombrant pour mon père. C'est ce qui a peut-être contribué à son aversion pour la psychanalyse. Enfin, c'est ma propre interprétation...

Il est vrai qu'on connaît peu de choses sur vous. Même sur Internet, il est difficile de trouver des informations sur votre histoire familiale. Êtes-vous la seule de la famille à avoir choisi cette voie-là ?

Je n'ai pas à afficher mon image personnelle ni à raconter mon histoire familiale sur mon site Internet. Ce qui me paraît plus important, c'est que les gens sachent ce que je fais professionnellement. Certains patients m'interrogent d'ailleurs sur ma filiation et j'essaie de répondre le plus naturellement possible, même si ce n'est jamais simple pour moi... Non, je ne suis pas la seule dans la famille à avoir choisi cette voie.

Il y a eu Anna Freud, psychanalyste pour enfants, et ensuite Ernest Halberstadt, petit-fils de Sigmund. Il était le fils de Sophie Freud, l'une des filles de Sigmund, morte à vingt-six ans. Au décès de sa mère, Ernest est venu vivre quelque temps chez ses grands-parents maternels et a donc côtoyé de très près Sigmund. Cette proximité l'incita-t-elle à devenir psychanalyste ? Lui seul pourrait répondre. Il exerça d'ailleurs sous le nom de Freud, le nom de sa mère, près de Cologne en Allemagne.

Puis une autre femme a suivi le chemin de la psychologie : ma grande-cousine Sophie Freud, fille de Jean-Martin, le fils aîné de Sigmund. Elle est psychosociologue

Michèle Freud

à Boston. Je l'ai retrouvée il y a quelques années à Vienne au moment du congrès mondial des psys, ce fut une rencontre intéressante.

Sophie a profondément admiré sa tante Anna dont elle s'est occupée durant les deux dernières années de sa vie. Elle a d'ailleurs publié un ouvrage en anglais intitulé *Mes trois mères* où elle parle longuement d'Anna qu'elle disait avoir aimée comme une mère.

Pourquoi tant de secrets ? Et pourquoi voulez-vous rester si discrète par rapport à ce nom, à cet héritage ?

D'abord parce que, comme dans la plupart des familles, il y a des secrets, des non-dits et que ce nom vous expose à la curiosité et suscite des réactions diverses, comme vous avez pu le constater très récemment dans la polémique qui a opposé les partisans et les détracteurs de Sigmund Freud, où l'on traque les moindres indices aux fins de diverses interprétations. Je reste en dehors de tout cela malgré les nombreuses sollicitations.

Et puis aussi parce que je suis thérapeute et qu'à ce titre, il me faut garder une certaine réserve.

À ce propos, que pensez-vous de la surmédiatisation actuelle des psys ?

Françoise Dolto a été, dans les années 70, une pionnière de la médiatisation radiophonique. Cela a permis de démystifier la psychologie des profondeurs en la mettant à la portée du grand public, et aussi à des personnes en souffrance d'oser faire la démarche et de consulter.

Voyage au pays des psys

Mais il est vrai qu'aujourd'hui nous sommes dans une surmédiatisation dont il faut se méfier, car entre ce qui se dit dans la sphère privée du cabinet du psy et la parole publique, l'introspection risque de devenir exhibitionniste, comme c'est le cas dans certaines émissions, et cela ne peut que discréditer la profession. Il faut surtout se garder de s'ériger en censeur, en moralisateur ou en penseur de vie pour les autres. Chaque personne a son histoire, et on ne peut pas toujours appliquer pour soi ce qui est par exemple bon pour autrui.

Je crois que notre famille s'est toujours distinguée par son sens de la discrétion. C'était une valeur clé pour nous et je l'ai fait mienne aussi.

Dans l'école que j'ai créée, la déontologie y est clairement énoncée : discrétion, confidentialité, respect et éthique sont des valeurs essentielles pour un thérapeute. C'est une règle. Anna Freud était comme cela et il me semble que mon arrière-grand-père a été assez strict à ce niveau-là.

Ne pensez-vous pas que certains patients viennent vous voir uniquement parce que vous vous appelez Freud ?

Si, bien sûr, certains. Ils se déplacent quelquefois même de loin en transférant sur ce nom, mais peut-être que certains autres ne viennent pas, précisément à cause du nom !

Cela vous a-t-il posé problème lorsque vous avez débuté ?

Oui. Je me souviendrai toujours que je disais à mon analyste : « Jamais je n'oserai mettre ma plaque, jamais ! »

Michèle Freud

Lorsque ce jour est enfin arrivé, j'ai pris ma plaque pour l'installer, et j'ai eu un sentiment de panique. À tel point que je suis allée la dévisser le matin de bonne heure...

Qu'y avait-il d'écrit sur cette plaque ?

Il n'y avait pas écrit « psychanalyste », mais « sophro-analyste » et « psychothérapeute ». Je ne cessais de me répéter : « Je n'oserai jamais mettre le nom d'analyste sur cette plaque. » Cette idée me mettait vraiment mal à l'aise. Je pense que je ne me suis jamais totalement autorisée à aller vers l'analyse. Puis, petit à petit, les choses se sont faites d'elles-mêmes et les patients sont venus.

Peut-on malgré tout parler d'influence familiale dans votre cas ?

D'une certaine manière, peut-être, mais indirectement. Il y a eu bien sûr l'interdit de départ, posé par mon père. Mais quelque chose d'autre m'interpelle énormément : il s'agit de tous ces deuils, ces ruptures et ces séparations chez nous. Une grande partie de ma famille a été déportée dans des camps de concentration. Les quatre sœurs de Sigmund Freud restées en Autriche périrent toutes en déportation. C'est grâce à Marie Bonaparte que certains sont encore vivants. C'est elle qui a organisé le départ de Sigmund et d'une partie de la famille. Elle a payé l'importante somme que les nazis exigeaient pour cette libération. C'est grâce à elle aussi que les biens de Freud (dont ses célèbres statuettes et une partie de ses manuscrits) ont pu être sauvés. Ils se trouvent aujourd'hui au musée de

Londres. Je ressens chaque fois une vive émotion lorsqu'on parle de la Shoah, c'est une histoire qui me concerne. Cette souffrance est sans doute inscrite dans nos chairs, en tout cas dans mon transgénérationnel et c'est, peut-être, ce qui m'a donné une sensibilité plus aiguë aux souffrances d'autrui...

Quand je suis allée à Vienne pour la première fois, j'ai ressenti une émotion étrange, c'était vraiment impressionnant : j'ai eu la sensation qu'en foulant la terre de mes ancêtres, j'avais quelque chose à découvrir, comme si je pénétrais dans une crypte ou que je soulevais un voile et qu'il me fallait continuer à chercher.

Malgré l'interdiction paternelle, comment avez-vous découvert la psychanalyse ?

Vous savez, tout ce qui est interdit suscite en général de la curiosité. J'ai pensé que si on cherchait à me détourner de la psychanalyse, c'est qu'on me cachait quelque chose et je me suis mise à dévorer fiévreusement les écrits de cet aïeul, souvent le soir, à la lueur de la lampe de poche pour éviter d'être découverte, dans l'espoir d'y trouver quelque secret d'alcôve ou détail croustillant. C'était d'autant plus excitant que je bravais un tabou. C'est ainsi que j'ai commencé à m'intéresser réellement à la psychanalyse. Finalement, la psychologie des profondeurs m'a davantage passionnée que le droit !

Quel était le métier de vos parents ?

Ma mère ne travaillait pas. Mon père – ce héros ! – avait un énorme besoin de reconnaissance. Il a fait beau-

Michèle Freud

coup de choses dans sa vie. C'est tout d'abord un grand gastronome, une sorte de « Jamie Oliver » avant l'heure : il avait même ses émissions de télévision, il était conseiller de très grands restaurants et a écrit des livres de cuisine. Mais c'était aussi un homme politique reconnu : il a été membre du Parti libéral anglais et a été anobli par la reine il y a une quinzaine d'années.

Il a écrit au total une dizaine de livres et, lui qui fut aussi journaliste, tient toujours à quatre-vingt-deux ans une chronique – « Freud on Friday » – dans le *Times*. C'est un homme hyperactif auquel je ressemble, paraît-il...

Comment avez-vous effectué votre « passage à l'acte » ?

J'ai été juriste et le suis restée pendant dix ans. Mon revirement est assez curieux, car il est survenu un peu par hasard, lors d'un voyage aux États-Unis. Y séjournant quelques mois, j'ai fréquenté assidûment le Workshop de Jane Fonda à Los Angeles (un temple entièrement consacré au corps, à la remise en forme).

De retour en France, lassée par le droit, j'ai songé à une reconversion et ai eu l'opportunité de créer un centre analogue dans un complexe hôtelier de la Côte d'Azur. C'est là que sont nées les premières cures minceur et anti-stress, et que je me suis intéressée au corps et à son histoire. Le langage du corps est un thème qui m'a d'ailleurs toujours interpellée, j'en ai même fait une thèse de fin de cycle. Outre la psychologie et l'analyse, j'ai aussi découvert la sophrologie et étudié cette technique et d'autres thérapies corporelles pendant environ six ans.

Voyage au pays des psys

Ce changement de cap a-t-il été brutal ?

Non, parce qu'en fait j'étais passionnée de psychologie depuis longtemps. J'adorais ça, mais en cachette. Je crois que, chez moi, il y a toujours eu plus de bouquins de psychologie que de livres de droit !

Dans quel état d'esprit étiez-vous le jour où vous avez quitté vos habits de juriste ?

J'étais ravie parce qu'au fond ça ne me convenait pas vraiment ! J'étais en charge d'un certain nombre de dossiers, avec une prédilection pour le droit des familles. Sans savoir pourquoi à l'époque, j'avais opté de m'occuper en priorité des divorces... Je recevais des gens avec des problèmes, des soucis et des blessures. Je les écoutais et leur donnais des pistes pour s'en sortir. A posteriori, c'était déjà très orienté par rapport à cette future carrière.

Vous avez dû reprendre vos études ?

Oui, mais cela ne m'a pas coûté, bien au contraire. C'est d'ailleurs ma névrose, les études ! J'en ai fait toute ma vie et ça continue toujours.

Et pourquoi cet intérêt pour le corps en particulier ?

Peut-être parce que mon corps m'a toujours parlé, car j'ai beaucoup somatisé.

Il a souvent été reproché à Sigmund Freud de ne pas s'être davantage intéressé au corps. Si le corps est en filigrane dans toute la métapsychologie freudienne, les écrits de Freud restent assez rares ou énigmatiques sur le sujet. Pourtant, c'est lui qui a écrit : « Le moi est avant tout un moi corporel... » Il découvre que les désirs inavouables repoussés dans l'inconscient peuvent donner lieu à des symptômes qui affectent le corps. Dans le célèbre cas Dora, il consigne notamment : « Celui dont les lèvres se taisent, bavarde du bout des doigts, se trahit par tous ses pores. » La psychanalyse s'effectue par la parole et le langage, où le corps souffrant est l'objet de soins, d'expressions et d'interprétation.

Faute de temps sans doute, il n'a probablement pu s'intéresser davantage aux thérapies corporelles. Certains y verront quelque chose de l'ordre de la continuité. La question ne s'est pas posée en ces termes pour moi, du moins consciemment.

Ce désir d'être thérapeute – qui n'a pu voir le jour qu'à trente-trois ans – avait-il percé dès l'enfance ?

Non. Enfant, j'avais des rêves d'enfant. Encore que je voulais être maîtresse d'école. Je me souviens, je mettais des cahiers par terre. Il y en avait partout, une bonne vingtaine, j'y installais des poupées, des peluches, et inventais des jeux de rôle en les faisant parler, et cela durait des heures.

J'aime la transmission, et aujourd'hui je suis très attachée à l'école que nous avons créée avec mes collaborateurs, où nous formons de futurs sophrologues. La transmission a toujours été une valeur importante dans la famille. Anna Freud était institutrice à l'origine, ensuite elle est devenue psychanalyste.

Voyage au pays des psys

Cette vocation, vous l'avez évoquée au moment de votre première analyse ?

La vocation, non, pas à cette époque, mais l'intérêt, très certainement. Je ne suis pas tombée sur le bon thérapeute tout de suite. Mon nom la gênait beaucoup, semble-t-il. Transfert et contre-transfert ont œuvré clandestinement et probablement ont-ils été contrariés par mes propres résistances.

Ça ne vous a pas découragée ?

Non, non, pas du tout. J'avais sans doute des choses à régler aussi. Après ce premier travail, j'ai donc entamé une autre analyse, qui a duré cette fois six ans, avec quelqu'un de très bien. Là, c'était vraiment un bon travail.

Quelles en furent les conclusions, notamment concernant l'origine de cette vocation ?

Je n'ai pas d'explications claires, mais cela m'a aidé dans mes choix. Aujourd'hui je suis en harmonie avec ce que je fais, comme une sensation d'être dans l'acte juste. Même si cela n'a pas toujours été facile.

J'ai l'impression d'avoir eu des cycles de dix ans. D'abord juriste pendant dix ans, puis dix ans dans ce centre de remise en forme, puis ensuite en centre de thalassothérapie, où nous avons été les premiers à introduire la sophrologie et la thérapie du corps. J'y suis restée là aussi une dizaine d'années et ai mis en place des groupes de parole mamans-bébés, des ateliers de gestion du stress, de diététique et de sophrologie. Après cela vint un nou-

Michèle Freud

veau cycle de vie, où j'ai quitté la thalasso tout en restant consultante de temps à autre pour certains centres, en travaillant sur des protocoles de soins ou en formant du personnel à certaines techniques (communication, sophrologie, nutrition et gestion du stress). Mais j'ai surtout monté l'école, gardé le cabinet et commencé à écrire de plus en plus. Je crois que ce dernier cycle sera celui de l'écriture, celui d'un plein épanouissement. Avec l'objectif d'écrire et de transmettre, c'est là que je me réalise le plus.

Lors de votre analyse, qu'avez-vous appris de fondamental ?

À sortir du rôle de victime et à comprendre que nos épreuves pouvaient nous faire grandir. J'ai appris à porter un regard plus lucide sur moi et ai pu ainsi m'alléger de certains fardeaux. J'ai aussi appris à mieux communiquer et à exprimer ce que je ressentais, ce qui n'était pas évident, car chez nous, il y avait vraiment beaucoup de pudeur et les émotions étaient plutôt tues.

Plus jeune, j'ai beaucoup écrit et rempli de cahiers, mais je les gardais pour moi. À la fin de mon analyse, je me suis autorisée à écrire pour les autres et à publier.

Quelle est la meilleure définition que vous donneriez de ce métier ?

C'est un métier étrange. Finalement, on sert de passeur, d'intermédiaire à un être en souffrance, pour faire un bout de chemin avec lui afin de l'aider à mettre des mots sur ses maux, à lui faire exprimer ce qu'il ressent et à restaurer sa capacité à comprendre et à dépasser son histoire. À un moment donné, il faut lui permettre de lâcher la main pour qu'il devienne son propre thérapeute...

C'est un métier qui exige beaucoup de loyauté, d'empathie, de confiance, de compréhension et surtout de respect et d'humilité aussi, car il me semble important de renoncer à une certaine position gratifiante qui risque de donner l'illusion d'une toute-puissance avec ses dérives.

Pourriez-vous décrire votre méthode ?

Elle est très éclectique, il n'y a pas une méthode mais plusieurs, car chaque personne est unique et je puise dans ma caisse à outils la technique qui semble la plus adaptée. Si l'outil utilisé ne fonctionne pas, on en change. Pour certains, ce sera une thérapie de type analytique en face-à-face, pour d'autres du comportemental, ou encore de la sophrologie ou de la sophro-analyse, une thérapie à médiation corporelle, où l'on utilise l'état de conscience modifiée, un niveau entre veille et sommeil, dans lequel il y a moins de censure pour laisser émerger ce qui vient. Il y a aussi l'hypnose, où les résultats sont très intéressants pour la gestion du poids, les phobies ou la confiance en soi par exemple.

Prenez-vous des notes pendant la séance ?

Quelques notes, mais très peu, le plus souvent après le départ des patients. Je les mets au clair pour m'y retrouver, ou bien je les lis avant leur arrivée afin de me remémorer la séance précédente, car pendant, il m'importe d'être totalement dans l'écoute, centrée sur le patient, sur ce qu'il dit et ressent. Pas de téléphone, pour entendre, dans le silence, le sens des messages, ceux du corps, de l'âme et de la mémoire. C'est cette rencontre d'être à être qui permet au processus thérapeutique de s'installer. C'est une alchimie mystérieuse quand ça fonctionne.

Quels sont, pour vous, les bénéfices de ce métier ?

Il est riche de par la variété des êtres que l'on côtoie, leur potentiel, leurs aptitudes. Chaque cas est différent, chacun a son histoire, ses ressources, sa faculté de rebondir.

C'est un métier où l'on développe des capacités d'écoute, de cœur, et aussi de créativité, car on avance à l'intuition, en se mettant au diapason de l'autre.

Avez-vous l'impression que ce métier peut encore vous apprendre des choses sur vous-même ?

Tout le temps. On apprend chaque jour. Sur soi, sur les autres, sur la vie. Comme par exemple lorsque l'on effectue des formations avec des élèves, où la dynamique de groupe, la structure de chacun sont un enrichissement. De chaque être on apprend quelque chose, on avance toujours, on progresse dans l'écoute de l'autre, mais aussi de soi, ce qui génère une remise en question permanente.

Dans quel état d'esprit terminez-vous votre journée ?

Souvent fatiguée.

Voyage au pays des psys

Vous arrive-t-il de repenser à vos patients ?

J'essaie, en quittant mon bureau, de me dire que la journée est finie, et que je laisse tout ici, dans ce cabinet. Puis je vais nager, c'est un bon exutoire, ou marcher, cela permet de mettre de la distance...

Avec le temps, parvenez-vous à mieux gérer la distance émotionnelle avec vos patients ou est-ce qu'il vous arrive encore d'être troublée, émue, choquée ?

L'expérience vous permet de maintenir cette distance mais chaque personne qui se découvre m'émeut. Il s'agit surtout de maintenir une distance suffisante. Lorsqu'une histoire d'un patient vous renvoie à votre propre problématique, il faut pouvoir prendre le recul nécessaire, sinon on risque de ne plus être objectif. Théoriquement, l'analyse vous a permis de dépasser cela, mais est-on jamais réellement au clair avec soi ? Il suffit que dans votre vie vous soyez bousculé par un deuil, une maladie grave, une rupture ou un divorce. C'est tout l'intérêt de la supervision par ses pairs et la possibilité aussi, à tout moment, de refaire le point sur soi.

De quelle manière vous préservez-vous ?

En évitant les interviews, par exemple ! Non, je plaisante. Pour exercer ce métier, il est nécessaire d'avoir une hygiène de vie attentive et de pouvoir maintenir un bon équilibre entre travail et détente. Je m'accorde des moments de silence mais aussi des temps de plaisir, de partage et de complicité avec des personnes authentiques, j'aime aussi m'évader, lire, jardiner pour me connecter à la terre, nager. Et puis je m'arrête souvent en faisant des breaks importants, pendant les vacances scolaires notamment.

Parlez-vous de votre métier avec vos proches ?

Non, c'est secret. On n'a pas à parler de ça. Ni à rapporter quoi que ce soit à la maison. Ça fait partie du secret professionnel qui m'est cher et que j'appliquais déjà en tant que juriste.

Avez-vous encore des moments de doute ?

Oui, tout le temps ! Si on ne doutait pas, on n'avancerait pas. La psychologie, c'est un domaine tellement vaste, c'est sans fin. On trouve quelque chose, mais ce n'est qu'une amorce... c'est un vrai tonneau de Danaïdes. Je songe souvent à la phrase de Socrate : « Tout ce que je sais c'est que je ne sais rien. » Je la cite toujours au début de la formation aux futurs thérapeutes.

Vous est-il arrivé d'être dépassée ou débordée ?

Débordée, oui, tous les jours, par un trop-plein de passion, de travail aussi, avec le sentiment que les journées sont trop courtes. Il y a le cabinet, l'école, l'écriture, avec des délais à tenir pour les livres et chroniques dans des journaux, et puis il y a tout le reste, l'intendance, la famille. Mais ça, c'est le lot de chacun.

Dépassée, oui, si on ne se tient pas informé...

Voyage au pays des psys

Auriez-vous pu exercer un autre métier ?

Oui, sans doute, mais celui-ci me passionne. Chaque être au fond de lui est bon, simplement, emmuré dans sa souffrance et ses blessures, il ne réagit pas toujours de façon adéquate aux événements du quotidien.

C'est plutôt étonnant de votre part de dire que tout le monde possède quelque chose de bon, vous qui passez vos journées à ne voir que les zones d'ombre et le côté le plus obscur des gens...

Oui, mais notre métier consiste à pouvoir faire sortir la lumière de cette obscurité. On sait que ce sont les refoulements des blessures de l'enfance qui poussent les gens à se détruire ou à détruire la vie des autres, ils reportent sur soi et sur autrui la cruauté dont ils ont jadis été victimes. Certains n'ont pas eu l'expérience de l'amour véritable et continuent à penser qu'ils ne sont pas dignes d'être aimés ou de réussir. Au cours de la thérapie, ils prennent conscience qu'ils peuvent se libérer du passé, de leurs croyances, ils ont accès au vrai Soi ; un processus de transformation s'opère alors et ils retrouvent ainsi une intégrité perdue.

Au-delà de la thérapie, voyez-vous aussi dans ce métier une manière de mieux comprendre les hommes ou la condition humaine ?

Oui, absolument. Cela permet de porter un autre regard sur chacun, d'être peut-être plus tolérant et moins dans le jugement, même si certains actes sont franchement répréhensibles. Mais on essaie de comprendre, d'analyser. Cela n'excuse pas tout, bien entendu !

Finalement, vous parvenez à tirer le meilleur de ce métier ?

Oui, il m'a fallu faire des choix pour créer les conditions de travail qui me paraissent les plus agréables pour moi. Cela n'a pas toujours été évident, mais il me semble y être presque parvenue. Aujourd'hui, je consacre deux à trois jours pour le cabinet, trois jours à l'écriture (articles dans divers journaux spécialisés et livres) et à la formation, à l'école. C'est un bon équilibre, c'est riche, la clinique nourrit l'écriture et la transmission, mais je souhaiterais par la suite m'alléger encore pour continuer à écrire davantage.

David Servan-Schreiber

« Tous les psys que j'ai rencontrés ont eu un environnement familial chaotique. »

Il est devenu célèbre en quelques mois. Son livre,
Guérir, *a connu un engouement et un déferlement médiatique sans précédent. Personnalité atypique, David Servan-Schreiber aurait pu poursuivre sa brillante carrière, jalonnée de prix et de distinctions. Médecin psychiatre, il a longtemps travaillé au Canada et aux États-Unis. Après des années consacrées à la recherche fondamentale puis à des travaux sur la neurobiologie des émotions, sa découverte des médecines alternatives, notamment lors d'un voyage au Tibet, fut pour lui une révélation. De retour en France, il poursuit ses recherches sur ces méthodes parfois dénigrées par ses pairs.*

La quarantaine sportive, il est le fils aîné de « JJSS ». L'entretien se déroule au troisième étage d'un immeuble haussmannien de Neuilly-sur-Seine, dans un cabinet simplissime : ni lit ni méridienne, juste un fauteuil marron pour le patient, quelques bibelots sur la cheminée, une grande table où trône un ordinateur. Très naturel, David Servan-Schreiber plaisante. Dans la bibliothèque, les livres sur le mieux-être côtoient les cassettes de films et quelques ouvrages qui rappellent l'ascendance familiale.

Voyage au pays des psys

À ma grande stupeur, l'entretien s'achèvera dans un émoi extrême : David Servan-Schreiber laissera libre cours à ses émotions en évoquant ses souvenirs de psychiatre. Lorsque l'interview se termine, des larmes coulent sur sa joue.

Isabelle Giordano : Que pensez-vous de l'idée selon laquelle on ne devient jamais psy par hasard ?

David Servan-Schreiber : Je dis toujours que je n'ai jamais vu d'opticiens qui ne portent pas de lunettes ! Ou bien ils ont des verres de contact, ça se voit un peu moins... Plus sérieusement, il est impossible de ne pas trouver une blessure, et une certaine tentative d'y remédier, dans chaque vocation de médecin et de psy. Tous les psys que j'ai rencontrés ont eu un environnement familial chaotique. Reste ensuite à tenter de le maîtriser. C'est ce que je constate chez les psys : ils ont très souvent développé leur passion pour la compréhension et la maîtrise des émotions à travers ce désir de comprendre un univers familial émotionnel.

L'avez-vous constaté chez certains de vos confrères ?

Pas chez certains, chez quasiment tous ! Je n'en ai pas l'ombre d'un doute, y compris pour moi-même. On ne fait pas ce métier par hasard et c'est très bien comme ça. Ça donne du sens à sa vie. Carl Gustav Jung parlait de certains chamanes, surnommés les « guérisseurs blessés ». Ils utilisaient leurs propres blessures dans leur pouvoir de guérison.

David Servan-Schreiber

Avez-vous réussi à identifier vos blessures personnelles ?

Eh bien... je n'ai pas tellement envie de tout raconter. Disons, pour faire simple, que j'ai grandi dans un environnement familial complexe...

En effet, votre nom est célèbre. Il est lié au monde de la politique et de la communication, mais pas de la médecine. Était-ce une façon de vous démarquer ?

Non, n'exagérons rien. En fait, depuis ma petite enfance, ma grand-mère n'a jamais cessé de me dire qu'elle voulait que je sois médecin. Elle avait désespérément essayé avec mon père, sans succès. Elle n'a pas vraiment tenté avec ses filles, culture de l'époque oblige. Ensuite, il y a eu mon oncle, Jean-Louis, et ça n'a pas marché non plus. C'est donc retombé sur moi... J'ai hérité du désir très fort de ma grand-mère. Pourquoi ? Peut-être parce que son propre père était médecin. Je ne l'ai jamais connu. C'était l'un des plus grands chirurgiens du XIXe siècle, elle a toujours eu beaucoup d'admiration pour lui et pour ce métier. Elle-même était infirmière.

Et depuis tout petit, vous aviez, paraît-il, cette soif de comprendre...

J'ai un souvenir très précis. Il y a quelque temps, l'émission *Capital* a retrouvé dans les archives de la télévision une interview à laquelle j'avais répondu lorsque j'avais sept ans. Un reporter me demandait : « Tu te passionnes pour la politique comme ton papa ? » Et je répondais : « Non. Je ne crois pas, je voudrais faire autre

Voyage au pays des psys

chose. Comme docteur, je crois. » J'ai un autre souvenir, encore plus ancien, je devais avoir deux ou trois ans, je jouais au bac à sable et je fixais un petit garçon de mon âge qui portait des lunettes avec de très gros verres ; j'ai eu, je crois, les larmes aux yeux de voir ce petit garçon, si petit et déjà handicapé. J'ai le souvenir d'avoir eu envie de faire quelque chose. Quand je suis devenu chercheur, je pense que j'ai perdu le contact avec tout cela, mais j'y suis revenu en courant.

Peut-on parler de vocation ?

Oui, et cette vocation de médecin, je l'ai eue très jeune. Je l'ai perdue, puis je l'ai retrouvée. Je l'ai perdue au sens où je me suis écarté de la médecine clinique pour faire de la recherche pendant cinq ans. Pendant les cinq années suivantes, j'ai exercé les deux métiers, médecin et chercheur. Je m'étais pris au jeu de la recherche. À l'époque, c'était ce qui m'intéressait vraiment. Décortiquer, analyser me procurait un plaisir infini. J'ai mis un certain temps à m'apercevoir que ce n'était pas suffisant, qu'agir était finalement plus amusant que comprendre. Mais le métier de chercheur m'a comblé : découvrir et jouer avec des idées, cela restera une expérience magnifique. Une histoire d'amour, mais incomplète. Un jour, tout cela m'a paru évident, comme une révélation. J'avais mon laboratoire, mais ça ne m'intéressait plus. Je voulais recommencer la clinique. J'aimais ça. J'ai donc fini par diviser ma semaine en deux. Deux jours par semaine, je faisais de la clinique, et les trois autres jours, je dirigeais le laboratoire. Les jours où je travaillais dans des dispensaires pour les pauvres, je revenais le soir en me disant que j'avais gagné ma journée. Je dormais mieux. J'étais content de moi. Et puis, les jours où je faisais de la recherche, j'écrivais des papiers. Et même si ça marchait très bien, je me disais que finalement ça ne servait qu'à se brosser l'ego. Pour moi, ça n'avait pas la même humanité. Je me suis donc demandé pourquoi je le faisais, et j'ai fermé mon laboratoire.

Quand avez-vous effectué ce virage ?

C'était en 1996. Tout a basculé en quelques mois seulement. En cessant mon activité, j'ai renvoyé de l'argent à l'Institut national de la recherche américain. Ils m'ont retourné mon chèque car ils me prenaient pour un fou ! Mes collègues américains n'avaient jamais vu quelqu'un rembourser ses fonds de recherche ! Ensuite, j'ai accepté une place de professeur, où la priorité était de soigner et d'enseigner comment on soigne. Avant, je faisais de la recherche sur la mobilisation des réseaux de neurones dans le cerveau, pour comprendre les réactions du cerveau face aux émotions. C'était totalement passionnant et je ne regrette pas du tout d'avoir fait cela. Curiosité, exploration, expérimentation : quand on démarre, l'attrait pour la science est exaltant.

Vous avez donc consacré plusieurs années à imaginer les mécanismes à l'intérieur du cerveau...

À simuler, plus exactement. Cela reste une période de ma vie très enrichissante. Il y eut de très grands moments pendant la période de recherche. Au début des années 80, nous avons travaillé sur les premiers réseaux de neurones, branchés sur un appareil émettant du son. On s'en servait pour étudier l'apprentissage du langage. Certains moments dans la recherche sont totalement bouleversants.

Avez-vous toujours été passionné par l'influence des émotions sur le corps et la maladie ?

À l'hôpital de Pittsburgh, je m'occupais des problèmes psychologiques de personnes qui avaient une « vraie » maladie physique. Je m'occupais par exemple de l'anxiété d'un patient atteint d'un infarctus du myocarde, de la dépression de gens opérés... Disons que j'ai très vite été sensibilisé aux liens entre le corps et l'esprit, dont on parlait encore peu, mais que je vivais tous les jours.

Aujourd'hui, comment analysez-vous cette volonté de guérir ?

Très honnêtement, je pense que c'est universel. C'est bien sûr lié à mon histoire personnelle. Je me souviens d'être allé voir un ami de mon père, un grand professeur de médecine, pour lui dire que je voulais devenir docteur. Il m'a regardé et il m'a dit : « Tu as beaucoup de chance, c'est le plus beau métier du monde. » À l'époque, je n'étais pas si sûr quand même de vouloir être médecin. Du moins, j'en avais envie, mais ce que faisait mon père me semblait aussi très bien... C'était bizarre. Je repense souvent à cette expression : « le plus beau métier du monde », mais je crois que c'est vrai de tous les métiers porteurs de sens. Ce qui donne du sens à un métier, c'est la possibilité de contribuer au bonheur des autres. Qu'on soit écrivain, médecin, ou même journaliste... On a de la chance en médecine : rien n'a autant de force que d'aider une personne. On m'a souvent posé la question lorsque mon livre a atteint le million d'exemplaires : « Tu dois te sentir heureux ? » En fait, le succès ne fait pas le bonheur. La satisfaction vient de certaines lettres, j'en ai reçu quelques-unes qui sont bouleversantes. Des lecteurs qui me disent qu'ils se sont servi de mon livre pour se prendre en main, qu'ils souffraient depuis trente ans et qu'ils sont extrêmement fiers d'y être arrivés par eux-mêmes. Je suis très heureux d'avoir contribué à cela. On a l'impression de toucher à l'essence même de la vie.

Lorsque vous parlez du plaisir d'exercer, quelle est la part de satisfaction narcissique ? Se sent-on héroïque en aidant les autres ?

Je me suis posé la question plein de fois en voyant les équipes de Médecins sans frontières. Se sent-on héroïque de courir ainsi le monde ? Je ne sais pas comment répondre à ça. Évidemment oui, mais je pense que vous le formulez dans des termes un peu faussés. Guérir un patient est beaucoup plus satisfaisant pour mon ego que de recevoir un prix ou que l'on fasse l'apologie de mon curriculum vitae. J'ai reçu en 2002 le prix du « meilleur psychiatre de Pennsylvanie », mais ça n'a rien à voir avec le plaisir de soigner quelqu'un, de le voir transformé ou totalement soulagé. Si le côté narcissique avait tant d'importance, je me serais arrêté aux prix et aux récompenses. « Narcissique » n'est pas le bon terme. J'y ai souvent pensé lorsque je suis parti avec Médecins sans frontières après la première guerre d'Irak. Je les ai suivis cinq ou six fois à l'étranger et j'ai travaillé avec eux pendant neuf ans, j'étais dans leur conseil d'administration aux États-Unis. À chaque voyage, je me suis posé la question de savoir pourquoi je partais. Pourquoi je le faisais. Pourquoi c'était important pour moi. C'est clair : ça me donnait du plaisir. Je n'y serais pas allé si ça n'avait pas été le cas. **Je me** suis demandé si c'était narcissique ou égoïste : j'ai fini par me dire que oui, certainement. Je le faisais pour moi, sans aucun doute, mais aussi pour les autres. Il se trouvait que ce que je faisais pour moi pouvait, dans le même temps, faire du bien à d'autres personnes. Franchement, si tout le monde était égoïste comme ça, ce serait mieux... Trouver son bonheur dans quelque chose qui est en harmonie avec le plaisir des autres, c'est le but de la vie. C'est ce qui donne du sens à la vie.

Je formule donc ma question autrement : faites-vous ce métier pour être utile ?

Oui, forcément.

Ce n'est pas évident pour tous les psys, certains parlent plutôt de « reconstruire un chaos, un désordre mental », par exemple...

Eh bien, ils ont un vrai problème ! Ce ne sont pas des médecins, ce n'est pas possible !

Il y a sans doute plusieurs manières d'être psy. Avez-vous le sentiment de remplir votre devoir ?

Je préférerais dire ma mission. Je cherche la vraie source du sens, je veux aider les gens à trouver du sens. Mettre de la lumière là où il y avait de l'ombre... J'ai eu la chance de trouver énormément de sens dans mon métier. Ma mission, c'est de rester bien ancré là-dedans. D'arriver à augmenter et transmettre cette valeur. Charger le monde de sens autour de moi dans la mesure de mes moyens. Faire connaître ce que je sais au plus grand nombre.

Avez-vous le sentiment d'avoir encore beaucoup à faire ?

Non, mais je suis en ce moment dans une phase complètement inattendue, où mon métier consiste beaucoup moins à soigner qu'à communiquer ou à enseigner. Une manière de démultiplier ses connaissances, c'est intéressant. En tant que thérapeute, j'ai l'impression de vivre un moment critique. Depuis que j'ai découvert qu'il existait des méthodes naturelles de traitement, pour tout ce que j'essayais de soigner depuis des années, des méthodes qui marchent mieux que celles qu'on m'a enseignées à la faculté de médecine... c'est bouleversant. C'est un choc pour quelqu'un qui a voulu consacrer sa vie à la science, à l'université, à l'institution... Depuis, ma perspective sur le monde a complètement changé. Pour moi, il y aura vraiment un avant et un après la découverte de l'EMDR[1]. Cette méthode est venue totalement en dehors de l'institution, et l'institution a du mal à l'accepter. Pourtant, cette découverte est à mon sens aussi importante que celle du scanner. Il y a une vraie réflexion à avoir sur ce qui est intégré à la médecine conventionnelle et ce qui ne l'est pas. Pourquoi une technique ne serait-elle pas intégrée, si son efficacité est démontrée, identique voire supérieure à ce

---

1. *Eye Movement Desensitization and Reprocessing* : il s'agit d'une technique basée sur les mouvements oculaires, utilisée au départ pour les soins post-traumatiques.

qui existe ? Parce qu'il n'y a pas d'intérêt économique derrière ? Cela peut paraître naïf d'être bouleversé par ça...

Éprouvez-vous parfois un sentiment d'impuissance ?

Non, puisque ça marche et que j'obtiens de bons résultats. J'ai tout de même l'impression d'avoir réussi quelque chose et de le faire passer plutôt bien. Les Omega 3 étaient encore inconnus en France il y a deux ans, aujourd'hui plus de quatre-vingts pour cent des Français disent en avoir entendu parler. Un tel impact sur la société reste extraordinaire. Récemment, lors d'un congrès à Stockholm, la plus grande organisation européenne de recherche et de soin dans les traumatismes émotionnels a également manifesté de l'intérêt pour mes travaux. Je suis sûr que l'évolution va dans le bon sens et ne cessera de s'accélérer d'ici quelques années. Je reste toutefois perplexe face à tous ceux qui continuent de ne pas s'intéresser à tout ce qui se passe en dehors de leur petite sphère, qui ne prêtent aucune attention aux évolutions de la recherche internationale. Beaucoup de Français n'assistent jamais aux conférences internationales, c'est curieux. Je suis assez surpris. Ma vie de chercheur a été transformée par tout ce qui se passe à l'extérieur. Notre métier de médecin consiste aussi à aller chercher des infos. Notre contrat avec les patients, c'est de leur apporter le traitement le plus efficace et le moins désagréable. Il y a des gens qui sont tellement enfermés dans une vision, une manière de faire les choses... Prenez l'exemple de ce psychanalyste rencontré en Israël, pendant une formation à l'EMDR. Il semblait très ouvert et très enthousiaste, et quand, à la fin de la formation, on lui a demandé : « Alors, quand est-ce que vous commencez ? », il a répondu : « Ah non ! Ça ne rentre pas dans ma pratique ! – Pourquoi ? – Parce que je suis psychanalyste ; je fais de la psychanalyse ! » Pour moi, cette réponse est inacceptable.

Avez-vous connu des moments de doute très forts ?

Non, les seuls vrais doutes apparaissent lorsque l'on bute sur l'incompréhension et le rejet. Je l'ai vécu à la sortie de mon livre *Guérir*. Cela me paraissait incroyable au début. Naïvement, j'avais l'impression d'avoir fait les preuves de quelque chose qui marche, qui est naturel, qui n'est pas dangereux, qui ne coûte pas cher ; j'ai été très étonné du nombre de contradicteurs. C'est très curieux. Oui, j'ai vraiment douté lorsque je me suis brouillé avec des membres respectés, de grands professeurs ou d'anciens maîtres. Des moments où l'on se sent seul et où l'on se dit : « Si je suis tout seul, c'est que je me trompe peut-être... » Heureusement, il y avait d'autres personnes qui pensaient comme moi.

Était-ce la première fois que vous étiez confronté à ce genre d'opposition ?

Oui, et je crois que lorsqu'on s'intéresse aux approches non conventionnelles de la médecine, il peut y avoir des levées de bouclier incroyables. Et il faut vraiment pouvoir tenir la ligne. C'est très impressionnant de voir des gens compétents, intelligents qui vous disent carrément : « Vous vous trompez complètement ! Vous avez certainement tort, vous allez vous faire du mal. » Il faut puiser très loin dans ses propres convictions pour tenir le coup.

Voyage au pays des psys

Quel jeune thérapeute étiez-vous, par rapport au médecin à succès que vous êtes aujourd'hui ?

J'ai beaucoup d'affection pour ce jeune thérapeute... Je n'ai pas un regard très critique ! Mais je vois maintenant très bien ce que je cherchais à l'époque. La recherche occupait presque tout mon esprit, j'ai trouvé des trucs qui marchaient vraiment bien ; j'étais un jeune thérapeute qui a fait ce qu'il fallait faire. C'était une belle période. Lors de mon premier stage d'interne en psychiatrie, dès la première semaine, on m'a présenté un patient. On m'a demandé d'établir l'histoire complète, en psychiatrie, d'un homme qui était cheminot. À cette époque, je pensais encore faire de la psychiatrie clinique uniquement pour devenir chercheur. J'étais dans le moule des grandes idées, des grandes expériences... Pour moi, faire de la clinique, c'était un peu de la cuisine. Et là, on me demandait de passer plus de deux heures à discuter avec un cheminot, pour passer en revue sa vie dans les moindres détails ! J'avoue que j'ai été d'une présomption incroyable, qui me paraît inouïe maintenant ! Je devais avoir vingt-trois ans. Je ne suis pas fier de ça, mais à cet âge, j'avais la prétention de penser que passer deux heures à essayer de connaître un type avec qui je ne partageais rien allait être complètement ennuyeux. Mais ce fut une expérience transformatrice : j'ai trouvé cela passionnant. Pour la première fois, je me trouvais face à quelqu'un qui me parlait tellement différemment de tout ce que j'avais entendu depuis mon enfance. Rien à voir avec tout ce dont nous parlions à table, en famille. Ce cheminot canadien n'avait ni rencontré Kennedy ni fait la guerre d'Indochine. Il n'était plus question de ces grands combats intellectuels qui changeaient la face du monde, mais de bien autre chose... Ce fut pour moi une révélation. Cet homme s'est mis à me raconter sa vie : à quel âge il avait arrêté de faire pipi au lit, sa première petite amie, comment elle l'avait quitté ; il m'a parlé de son premier job, à quel point il avait été difficile d'être responsable d'un train la première fois... J'ai été littéralement hypnotisé pendant deux heures et demie. Du haut de mes vingt-trois ans, je suis sorti de là en me disant : « C'était aussi bien que d'être allé au cinéma. » À partir du moment où l'on s'intéresse dans le détail à un autre être humain, quel que soit cet être, si l'on accepte l'intimité, c'est totalement passionnant. Entendre quelqu'un s'ouvrir ainsi et révéler des choses dont on ne parle pas habituellement a été pour moi une grande découverte...

Peut-être aviez-vous jusque-là une vision de l'humain trop abstraite, compte tenu de votre contexte familial ?

Disons que j'avais une vision de ce qui était important dans l'humain. C'était sans doute très déformé. Les communistes ont raisonné comme ça pendant très longtemps. Par exemple, chez nous, ce qui importait, c'étaient les grands mouvements de masses, ce qui touchait les peuples et les nations... Dans ma famille, toucher l'individu n'était pas valorisé du tout. Je ne pense pas que mon père partageait totalement cette vision des choses, mais moi, j'avais compris qu'en politique, il fallait constamment sacrifier l'individu au groupe... Or, la seule chose vraiment intéressante, c'est l'individu. C'est ce que j'ai fini par comprendre...

Voyage au pays des psys

Était-ce une famille où l'on pouvait laisser parler ses émotions ?

Non, pas du tout. Mais dans le même temps, je pense que mon père était quelqu'un d'extrêmement sensible. Je le sentais et je crois que je l'étais également. Petit, j'étais sensible à sa douleur, à sa peine... Je me souviens de ça, mais ce n'est pas lui qui me l'a appris.

Était-ce une famille où l'on se parlait beaucoup ?

Ah oui ! Papa dînait tous les jours à la maison. Récemment, je me suis même demandé comment il faisait à l'époque. Moi, aujourd'hui, j'y parviens à peine, et pourtant il était bien plus occupé que moi : il était chef d'entreprise, député, président de région, auteur à succès... Comment faisait-il pour qu'on se voie autant ? Il travaillait tout le temps, même le week-end, mais il était vraiment présent, et maman aussi.

Quel petit garçon étiez-vous ?

Je n'ai jamais été très rieur. J'étais un bon élève, avec un grand enthousiasme. J'avais beaucoup d'idées et de copains. J'ai vite compris que pour faire avancer les idées, les bandes de copains étaient idéales. J'ai même essayé de créer un parti politique à neuf ans ! Il y avait en moi beaucoup d'énergie, une forte envie de construire ensemble. J'ai grandi à Paris et je suis parti au Canada à l'âge de vingt-deux ans.

David Servan-Schreiber

Vous avez donc eu très tôt l'envie de partager vos idées ?

En effet, je voulais beaucoup communiquer. Très vite j'ai eu envie d'enseigner. En fac de médecine, quand je lisais des articles, j'avais toujours envie d'en parler autour de moi. J'improvisais parfois des séances pour expliquer des trucs que j'avais lus. Idem lorsque j'ai vécu de plein fouet l'arrivée de l'informatique en 1981. J'étais allé avec un copain à Berkeley, et lorsque nous sommes revenus en France, nous n'avions qu'un mot à la bouche : l'informatique allait tout changer. Il y avait pour nous comme une urgence à en parler ! Nous avons convaincu Apple de nous donner vingt ordinateurs et nous avons créé le premier centre d'informatique médicale en France. J'avais des idées. La culture passe par les idées. Il est normal de s'en servir pour agir, pour aider autrui. La meilleure chose qu'on puisse faire avec une idée, c'est de soulager la souffrance.

Vous qui semblez si prosélyte, aimeriez-vous que votre fils fasse ce métier ?

J'aimerais beaucoup, oui. C'est un métier qui me fait vibrer, qui donne du sens à ma vie. Mais il n'a que dix ans et il ne sait pas du tout ce qu'il veut faire. Vraiment pas. Peut-être fera-t-il ce métier, je ne sais pas. Mais j'aimerais bien qu'il choisisse seul.

Que voulez-vous dire quand vous dites que ce métier vous fait « vibrer » ?

Cela signifie qu'il m'est arrivé de terminer certaines séances avec mes patients avec les larmes aux yeux.

Voyage au pays des psys

Auriez-vous un exemple ?

Le problème, c'est que... ça peut paraître, de loin, un peu « hollywoodien ». Il ne faut pas s'arrêter aux apparences. Je vais vous raconter un souvenir, puisque vous y tenez. J'étais encore aux États-Unis, au service de psychiatrie de l'hôpital général de Pittsburgh. Un jour, on m'envoie un jeune homme de trente-cinq ans, couvert de tatouages, la tête rasée, à qui on venait de diagnostiquer un cancer du cerveau invariablement fatal. Il en avait pour six semaines sans traitement, six mois avec. Le pauvre avait totalement disjoncté... Il hurlait, secouait le lit, il faisait peur à tout le monde. On a donc appelé le psychiatre à la rescousse, et c'était moi. Au bout de quelques minutes, nous avons réussi à parler un peu. En fait, il était mort de trouille, et on peut le comprendre... Puis il m'a raconté son parcours, l'alcoolisme, la drogue, la délinquance, son comportement violent, on a parlé un peu de tout cela. Quand il a été un peu calmé, je lui ai proposé – devant le désarroi de son neurologue qui était totalement désemparé – de le suivre comme patient, de le voir chaque semaine, pour peut-être l'accompagner, le temps de tolérer son traitement. Nous avons donc commencé à nous voir chaque semaine, sachant qu'il y avait très peu d'espoir de guérison. On a parlé de sa vie dénuée de sens, de son père alcoolique qui le battait, de sa mère alcoolique aussi, totalement en retrait, jamais disponible pour lui, battue aussi. À l'adolescence, il s'est rebellé, il est parti, ayant des relations qui lui ont fait plus de mal que de bien, puis il s'est réfugié dans l'alcool et la drogue pour masquer sa douleur. En discutant, on a essayé de renouer le lien avec les quelques personnes qui comptaient encore dans sa vie et qui auraient pu venir lui dire au revoir. Il m'a fait part de son ennui, il passait ses journées à regarder la télévision dans l'attente de mourir. Comme il avait été électricien, je lui ai proposé d'offrir ses services à l'église de son quartier, qui avait besoin d'installer un système d'air conditionné. Il m'a dit : « Ils ne vont jamais vouloir de moi », mais le prêtre l'a accepté. Il a commencé à se construire une vraie vie, comme tout le monde, la vie qu'il n'avait jamais eue. Le prêtre était content, car il travaillait plutôt bien, et lui apportait un sandwich sur le toit à l'heure du déjeuner. Il ne s'était jamais senti relié comme ça. Un jour, on m'appelle pour me dire qu'il avait été hospitalisé, qu'il ne viendrait pas en séance, que c'était la fin... Je suis allé le voir dans sa chambre, à l'hôpital. Il était allongé sur un lit, la lumière du soleil passait par la fenêtre. Il ne pouvait plus parler. Je lui ai tenu la main, assis à côté de lui ; il a essayé de me dire quelque chose mais je n'entendais pas. Je me suis penché vers lui et il m'a murmuré à l'oreille : « Merci de m'avoir sauvé la vie. » Il est mort le lendemain... Il s'appelait Tony... (*David Servan-Schreiber a les yeux pleins de larmes.*) C'est un immense cadeau. Ce n'est pas triste. C'est émouvant, parce que c'est tellement chargé de sens. Mais vous savez, on dort mieux la nuit quand on a vécu ce type d'expérience. Il n'y a jamais aucun papier scientifique, ni aucun prix qui soit aussi précieux que ça. Ce ne sont pas des douleurs... c'est ma vie.

Pensez-vous continuer ainsi longtemps ? Imaginez-vous vous arrêter un jour de travailler ?

Je ne sais pas... Je ne pense pas que je pourrais cesser d'enseigner. D'autant plus que c'est un métier que l'on peut exercer très longtemps...

Voyage au pays des psys

Pourriez-vous décrire rapidement votre cabinet ?

Il est assez simple, volontairement. Voici le « fauteuil sacré », où s'installent les patients. J'ai accroché quelques diplômes pour les rassurer ! Mais ce que je préfère, c'est ce tableau, installé juste au-dessus du fauteuil : un petit poisson rouge qui nage à contresens de tous les autres, seul contre tous... J'ai trouvé que c'était un beau symbole pour un cabinet de psy.

Parlez-vous en face-à-face ?

Il n'y a pas beaucoup de paroles échangées... Je m'installe face au patient pour pratiquer l'EMDR. Mais je reçois très peu de patients maintenant, je me consacre plutôt à l'enseignement. Je voudrais construire quelque chose en France autour de l'EMDR, pour le pratiquer et l'enseigner, développer cette activité en Europe. Je dirige l'Association française de l'EMDR dont je suis président. J'écris des articles. L'enseignement occupe une bonne partie de mon temps de travail. Je me partage entre la fac de Lyon et l'université de Pittsburgh, où je suis toujours professeur clinique de psychiatrie. J'ai gardé beaucoup de liens avec les États-Unis, je suis resté seize ans dans la même ville – plutôt rare pour les Américains qui déménagent tous les cinq ans. J'y ai beaucoup d'amis et j'ai cette chance incroyable de pouvoir continuer à y être professeur. J'adore y enseigner, il y a là-bas un véritable amour de la nouveauté. C'est très stimulant... une chance unique.

Boris Cyrulnik

« Aucun metteur en scène, aucun romancier ne peut inventer ce que les gens nous racontent. »

Neuropsychiatre, éthologue et psychanalyste de renommée mondiale, Boris Cyrulnik est l'homme qui a imposé en France le concept de « résilience », c'est-à-dire cette faculté qu'ont certains individus de surmonter leurs traumatismes. Ses livres rencontrent chaque fois un grand succès et ses prises de position suscitent parfois des polémiques.

Tout d'abord passionné par l'éthologie, l'étude du comportement des animaux, Boris Cyrulnik a ensuite étendu son champ d'action au comportement humain. Déjà pionnier dans les années 70, il participe à la création du premier cercle d'éthologie humaine en France. Il ne cesse de rendre compte des enfances brisées, faisant écho à sa propre histoire, longtemps tenue secrète, celle d'un enfant qui a vu son père et sa mère raflés et déportés, lui-même ayant été arrêté le 10 janvier 1944 et ayant réussi à s'évader. Mais loin de lui l'idée de se voir comme un rescapé. Avec malice, il aime se définir comme un infatigable observateur, obsédé par l'amour des pourquoi.

Sa maison à La Seyne-sur-Mer semble tout droit sortie d'un dessin de Sempé : un grand jardin désordonné, une tonnelle, des volets verts pour abriter du soleil des pièces pleines d'accents chantants. Aujourd'hui, Boris Cyrulnik parle de son métier avec la passion d'un débutant. Au cours de notre entretien, ses mains s'animent et son regard semble briller du même émerveillement qu'à ses débuts. Il émane de lui une sincère humilité. Par la fenêtre de cette maison porteuse de ses rêves d'enfant, on aperçoit les palmiers et la mer.

Isabelle Giordano : Que vous apporte ce métier ?

Boris Cyrulnik : Je n'ai pu aimer ce métier que par le plaisir qu'il m'apportait de comprendre ce que je cherchais depuis l'enfance. Le grand bonheur que m'a apporté ce métier, c'est le travail que les patients m'ont permis de faire avec eux et qui, j'espère, les a parfois aidés. Quand je rentrais le soir, après avoir vu chaque jour une douzaine de patients – j'étais neurologue à l'hôpital et psychothérapeute en ville –, je repensais à ma journée : sur douze personnes, il y avait presque tous les jours un pépin. Il y avait onze personnes passionnantes, gentilles, sympathiques, et il y avait un pépin. Statistiquement, ça ne fait pas beaucoup. Moins de dix pour cent. Mais sa soirée, sa nuit, on la fait avec le pépin, pas avec les onze personnes sympas... Le plaisir quotidien du travail est rongé par la difficulté et l'angoisse.

Cela ne doit pas être simple à gérer...

Disons qu'il y a beaucoup de bonheur parce que l'on a rencontré des personnes sympathiques et enrichissantes. Il y a quatre-vingt-dix pour cent de bonheur et quelques difficultés.

Boris Cyrulnik

Auriez-vous pu envisager un autre métier ?

Oh oui, bien sûr ! Si j'avais échoué en médecine, ce qui aurait pu arriver, je pensais faire l'IHDEC[1], car les métiers du cinéma m'attiraient. Sans doute parce qu'on peut y imaginer des situations folles, belles, étranges, angoissantes. Au cinéma, on métamorphose l'angoisse, on en fait quelque chose d'autre, ce qui est le principe même de la résilience. Aujourd'hui, je sais que les histoires de cinéma sont parfois moins folles que dans la pratique psychothérapique. Je m'imaginais aussi journaliste, parce que c'est aussi un métier de curieux. Du moins tel que je l'imagine, avec la possibilité de rencontrer des tas de gens, de les faire parler, un peu comme en psychothérapie. La curiosité a toujours été mon moteur. Que se passe-t-il dans la tête des gens ? Comment font-ils pour éprouver, penser telle ou telle chose ? Comment soigne-t-on dans les autres pays ? Je n'ai jamais cessé de me poser toutes ces questions.

Quel a été votre plus grand bonheur ?

Mon plus grand bonheur a été quand, en 69-70, j'ai compris que la psychiatrie allait devenir une vraie discipline. Avant, elle existait à peine. Pas de réel statut, de la paille à la place des lits... Puis il y avait les partisans du tout-médicament, ceux qui pensaient que la chimie allait tout résoudre, ou encore ceux qui disaient que la psychiatrie n'existait pas, comme Michel Foucault par exemple, qui avait la haine de la psychiatrie et de la psychologie. En

---

1. Institut des hautes études cinématographiques.

revanche, dès 69, j'ai compris qu'un métier était né. Et cette embellie a duré trente ans. Les schizophrènes sont ceux qui en ont le plus bénéficié. En France, nous avons sûrement les schizophrènes les plus heureux du monde. Ils sont bien encadrés, suivis en ville. Ce qui répare une injustice, car ils ont été malheureux et maltraités pendant trop de siècles. Mes grands moments de bonheur tournent autour des débuts de la psychiatrie, j'étais interne à l'hôpital de Digne, un tout petit hôpital. C'est là que j'ai compris l'essentiel de mon métier – ah, toujours le bonheur de comprendre ! Par exemple que le traitement du malade est différent suivant l'endroit où il se trouve. L'approche n'est pas la même s'il vit dans une grande ville, comme Paris, Lyon, Marseille, ou dans un village, où tout le monde le connaît, où ses amis d'école peuvent lui dire : « Qu'est-ce que tu racontes encore ! » D'ailleurs, dans les petites villes où tout le monde se connaît, il n'y a pratiquement pas d'hospitalisations d'office. Parce qu'on n'a pas peur d'eux, on les connaît. En revanche, quand on ne se connaît pas, on a peur, on appelle les pompiers, ou la police, on déclenche un système social qui provoque l'hospitalisation. On met de la technique et du social quand il n'y a plus d'humain. Mais quand on est allé à l'école avec le malade dangereux, il est bien moins nocif : « Tu nous casses les pieds, arrête un peu ! » La relation humaine limite la technologie ou le papier. Et, à l'inverse, le développement de la technologie limite la relation humaine.

Y a-t-il un cas particulier qui vous revient à l'esprit ?

Dans les histoires folles de la psychiatrie, je me souviens que, lorsque nous partions skier, on faisait très souvent garder nos enfants par les malades de l'hôpital, par les schizophrènes notamment. Un jour, ma fille – qui va très bien aujourd'hui – devait rester avec l'un d'eux. Je la revois encore dans les bras d'un gros type, on aurait dit Chéri Bibi ; elle lui avait attrapé le pouce et sa main paraissait toute petite sur ce gros doigt. Le grand gaillard s'exclamait tout content : « Oh, c'est mignon un bébé, oh, que c'est beau ! » Il était ravi et nous aussi, car cela nous permettait de partir skier de temps en temps. Il était gentil comme tout. Et puis un jour, ce gars s'est retrouvé assailli par les gendarmes. En effet, lorsque nous sommes revenus du ski, la route de l'hôpital était barrée. Impossible de passer pour récupérer notre fille. Tout le village était bouclé par les gendarmes, avec mitraillettes et compagnie. Je me suis approché, j'ai cherché à me renseigner et on m'a expliqué qu'il y avait un problème avec le « malade de la Tour », qu'il était armé. « Il a une hache, il est dangereux ! » J'ai tout de suite dit aux gendarmes que j'avais reconnu notre « Chéri Bibi », et j'ai proposé mon aide. Les gendarmes se sont alors écartés pour me laisser passer. Je me suis approché de cet homme, qui avait en effet une hache à la main, mais qui surtout avait aussi peur, sinon plus, que les gendarmes. Il semblait effrayé par tout ce vacarme et ces mitraillettes, c'est pourquoi il était prêt à frapper. J'ai commencé à lui parler : « Eh bien, Auguste (disons qu'il s'appelait Auguste), qu'est-ce qu'il t'arrive ? » Et l'homme de fondre d'un coup en me voyant : « Oh... docteur Cyrulnik... » Il a tout de suite lâché sa garde, m'a expliqué qu'il voulait aller chasser le pigeon et se faire un abri... Nous sommes rentrés à l'hôpital bras dessus, bras dessous, en riant, en blaguant et en faisant un détour pour voir l'endroit où il voulait chasser. Ce n'était plus un homme dangereux, ce qui arrive dès l'instant où l'on instaure une relation humaine banale. Pourtant la situation aurait pu mal tourner. Imaginez qu'il ait eu vraiment peur et qu'il se soit mis à attaquer, ou bien que les gendarmes l'aient agressé. Ç'aurait été une tragédie et l'on aurait encore dit que, décidément, les psychiatres laissent sortir des gens dangereux...

Voulez-vous dire que la folie a mieux été prise en charge à un moment donné ?

Avant, les fous, on ne leur parlait pas. On pensait que ce n'était pas la peine et qu'il n'y avait rien à comprendre. À la Libération, les Américains ont apporté non seulement du chewing-gum mais aussi une certaine idée de la psychanalyse, comportant un aspect moral. Ils trouvaient que les psychiatres français et européens étaient dominés par le dogme de la dégénérescence. En effet, toute personne délirante était considérée comme « dégénérée », finalement une conception assez proche de celle des nazis. Il est vrai que l'anthropométrie nazie n'a pas tout de suite été condamnée par les médecins français : je me souviens très bien qu'on avait gardé cette habitude de mesurer tous les enfants, la longueur de leurs yeux, la forme du crâne, jusqu'en 1950, même 1955 ! Dans ce contexte-là, les fous étaient donc considérés comme des dégénérés. Les psychiatres américains ont amené une morale, le respect de l'autre, la générosité, l'intérêt. D'un seul coup, en France, on découvrait qu'il pouvait y avoir chez les fous quelque chose à comprendre, qu'il fallait leur donner la parole. Une révolution. « Écoutons-les, aidons-les à parler » était devenu le nouveau dogme. Pour cela, les médicaments ont joué un grand rôle dans la libération de la parole. Paradoxalement, alors qu'on se mettait à écouter les fous, l'époque restait très barbare : pour vous donner un exemple, il n'y avait pas de lits dans certains hôpitaux psychiatriques, mais de la paille ! J'ai le souvenir d'un service de psychiatrie avec des bruits de clés en permanence, où l'on croisait des infirmiers avec des coquarts, des caricatures de malades déambulant, criant, frappant... On avait peur. Ce n'était que des relations de peur, donc de force. Quand on a peur, on est agressif. La violence, très souvent, vient de la crainte. J'ai été très impressionné par une grande salle où gisaient une soixantaine de malades : les infirmiers ont sorti la paille à la fourche, un coup de jet d'eau, puis ils ont remis de la paille fraîche. Incroyable ! Et ce n'est pas si vieux que ça !

On a du mal à l'imaginer !

Il n'y avait pas d'argent, pas de pensée, pas d'école, pas d'université. Ce n'était que « sauve qui peut ». Et quelques « fous » comme moi, qui avaient envie d'en savoir plus et qui acceptaient d'être moins payés que les infirmiers. Les chefs de service n'étaient pas psychiatres, alors que les internes tentaient de le devenir. C'était une spécialité « folle »... qui n'a pas tant changé ! On a enfin osé parler avec ces gens et tenté de les comprendre. Les médicaments ont favorisé le dialogue et éliminé nos peurs. Nous avons aussi compris qu'il ne fallait pas en abuser, cela pouvait soulager mais aussi abrutir les patients.

Voyage au pays des psys

Gardez-vous des liens avec vos anciens patients ?

Ce sont eux qui se manifestent : une lettre, un coup de téléphone... Beaucoup m'envoient un petit mot sympathique. Cela me fait vraiment plaisir. Au début, pendant quelques mois, je ne savais pas comment me comporter avec eux. J'étais assez mal à l'aise. Une fois ou deux, j'ai été très maladroit, comme par exemple le jour où j'ai rencontré une de mes patientes sur la plage. Elle m'a fait un signe et j'ai été d'une gaucherie sans nom. Heureusement, j'ai changé ! Aujourd'hui, lorsque je croise un patient dans la rue, je le salue de loin ou je lui serre la main. Et comme je n'exerce plus, je peux même me permettre de bavarder avec eux.

Dans votre métier, est-ce un plaisir d'avoir un lien avec ses patients ?

Oui. Dans mon cas, je pourrais presque parler de chagrin d'amour, ou plutôt de chagrin d'attachement. Pendant deux ans, j'ai cessé de prendre de nouveaux rendez-vous. Je limitais le nombre de mes patients de façon à dire au revoir à un minimum de personnes ! Je me séparais donc de mes patients au fur et à mesure, c'était moins désagréable. Toutes les histoires que l'on m'a racontées, je les ai notées, probablement un mécanisme de protection, comme je vous le disais. Cette rage de comprendre aura finalement donné un sens à ma vie. C'est le sens de toute mon existence. Je l'ai payé de travail, d'angoisse, mais en échange j'ai eu beaucoup de plaisir à rencontrer, à voyager et même à comprendre parfois un petit peu Théoriquement, nous sommes censés garder nos dossiers pendant trente ans. Certains de mes patients ne voulaient pas que je prenne de notes pendant les entretiens, mais la plupart en étaient contents. J'ai beaucoup de collègues en psychothérapie qui ont utilisé la même méthode, cela permet de faire des associations, de retrouver des phrases qui nous avaient échappé deux ou six mois auparavant. Ce qui me frappait, c'est que souvent j'avais une meilleure mémoire des phrases que les patients eux-mêmes. Je leur disais : « Il y a trois mois, vous avez dit telle chose, telle phrase », et pour les patients, cela devenait l'équivalent du lapsus ou d'une révélation... Bref, c'était ma méthode. C'est de l'artisanat, vous savez, ça ne mérite pas le prix Nobel. Mais quand je reprends mes dossiers, pour trouver des illustrations et des exemples lorsque j'écris mes livres, je me rends compte que les gens sont intelligents quand ils sont authentiques et qu'ils sont ennuyeux quand ils récitent. Quand les gens sont vrais, sincères, leurs expériences de vie sont passionnantes, les phrases, les idées sont belles... Le danger, c'est le dogme.

Dans votre pratique professionnelle, avez-vous toujours les mêmes habitudes, les mêmes rites ?

Le temps est un rite essentiel. Dans mon cheminement – et beaucoup de thérapeutes sont arrivés à cette conclusion –, j'ai compris que si on allait trop vite, on n'avait pas le temps de travailler une idée. Mais à l'inverse, si les séances sont trop longues, on soulève quantité de problèmes, au risque de créer des angoisses supplémentaires chez les gens. Il y a donc un rythme à trouver. Celui qui correspond au travail d'une idée par entretien. C'est pour moi une bonne façon d'aider les gens

Voyage au pays des psys

Quel est ce rythme ?

Des séances entre quarante et quarante-cinq minutes, pas plus. J'ai fait des entretiens d'une heure, les patients étaient épuisés. Et lors de la séance suivante, ils me disaient : « Oh là là ! j'ai mis deux jours pour m'en remettre ! » Et je pense qu'une demi-heure, ce n'est pas suffisant.

D'autres rituels ? Notamment par rapport à l'argent. Il y a ceux qui refusent de le toucher, qui demandent à ce qu'on le dépose sur la table...

Oui. Il y a tout un dogme là-dessus. Non, moi les patients pouvaient me payer par chèque, ou avoir des aides médicales. Et il y a aussi des gens que je ne faisais pas payer.

Voilà qui hérisserait bon nombre de psys...

Aucun problème. Vraiment. D'ailleurs, c'est un cas particulier à la psychanalyse française, contrairement à la Hollande : là-bas, beaucoup d'analyses sont gratuites. En France, une partie des psychanalystes est sectaire. Heureusement, la majorité s'intéresse vraiment aux patients, à la vie des autres. Ceux qui ont l'impression d'avoir compris avant même de faire des études, ceux qui « savent » que c'est « ça » qui va guérir, avant même de s'être formés en psychanalyse, ceux-là n'ont pas de doute. Ils entrent dans une secte

Boris Cyrulnik

Vous est-il arrivé de douter de l'efficacité de la psychanalyse ?

Il faut éviter avant tout l'esprit de secte. J'essaie de me tenir à l'écart des dogmes. La médecine a considérablement évolué. Il n'y a pas si longtemps, par exemple, la maladie de Parkinson était considérée comme une forme clinique d'hystérie : on la soignait en psychanalyse ! Beaucoup ont oublié qu'il y a seulement trente ans, des articles parlaient de la « psychanalyse des tremblements ». On ne peut donc pas construire des cloisons, comme certains cherchent à le faire. Quand j'étais thérapeute, j'aimais que cette activité garde son intimité. En fait, ce métier procure plus de blessures narcissiques que de gratifications de l'ego. Pourquoi ? Parce que dans mes consultations, du moins à mes débuts, j'avais souvent l'impression d'avoir raté quelque chose : « Qu'est-ce que je n'ai pas fait que j'aurais dû faire ? Qu'est-ce que je n'ai pas dit que j'aurais dû dire ? » Ces questions revenaient sans cesse. Avec chaque patient. Quand l'un de mes malades allait mal, j'étais anxieux, je n'allais pas bien. Quand l'un d'eux ne s'en sortait pas, j'avais vraiment l'impression que c'était moi qui avais fait une erreur. Et lorsqu'un patient allait bien, j'avais vraiment l'impression que c'était lui qui avait tout fait, je ne m'en félicitais pas. Il s'était juste soigné à moi. Voilà. Mais moi, je n'avais fait que tenter d'exprimer avec lui ce que d'autres lui avaient fait comprendre. Cela m'évoque un autre aspect de ce métier : je crois qu'on ne peut pas baigner dix ou douze heures par jour dans la souffrance des gens sans en prendre sa part. On a tous plus ou moins le traumatisme par compassion. On partage aussi chaque jour cette douleur lorsque l'on est dans l'incompréhension. Les dogmatiques ont bien de la chance, et moins de soucis, car ils ne cherchent pas à comprendre.

Alors comment vous accommodiez-vous de cette situation ?

Le seul moyen que j'avais trouvé pour moins souffrir, c'était justement de chercher à comprendre : je prenais des notes tout le temps. J'ai connu des collègues qui, eux, limitaient les dégâts : pendant les entretiens, ils pensaient à autre chose. Alors là, vraiment aucun risque d'avoir le traumatisme par compassion ! Le dogme a un effet protecteur, tout comme le médicament. On donne un médicament pour techniciser la relation, de façon à ne pas souffrir de la souffrance d'autrui. Il y a donc mille manières de se protéger. Ma position face aux médicaments est claire : il faut savoir les utiliser à bon escient. J'ai fait partie de ceux qui ont milité pour donner de la morphine aux cancéreux. Un combat qui a duré de longues années ; beaucoup de gens y étaient opposés, il n'y a pas si longtemps encore. Je me rappelle avoir eu des conflits avec les chefs de service d'un hôpital. On m'avait un jour appelé en tant que neurologue. Je voyais le patient en train de souffrir. Et sa famille à ses côtés qui partageait cette douleur et qui souffrait aussi. J'ai dit à mon collègue : « Écoute, donne-lui des tranquillisants, de la morphine », à quoi il m'a automatiquement répondu : « Je ne serai jamais un dealer. – Quelle est son espérance de vie ? ai-je demandé. – Trois ou quatre semaines, me dit mon confrère. – Alors donne-lui de la morphine, donne-lui des tonnes de tranquillisants pour qu'il arrête de souffrir. » Et le médecin répondait : « Il n'en est pas question ! »

Cette situation s'est souvent reproduite. Les médicaments sont de mauvaises solutions ; mais quand les gens souffrent trop, je n'aurai jamais honte d'en donner. J'aurais honte si je faisais croire aux gens que les médicaments vont tout résoudre pour eux. Là, j'aurais mauvaise conscience.

Vous souvenez-vous de votre premier face-à-face avec un patient ?

Oui, je n'étais pas interne, je travaillais dans le service d'hématologie à l'Hôtel-Dieu et je m'intéressais déjà à la psychologie. Mais, comme beaucoup à l'époque, je faisais à peine la différence entre la psychologie, la psychiatrie et la psychanalyse. Un jour, une jeune femme de vingt-quatre ans est arrivée dans le service, elle avait une bouffée délirante — enfin, c'est ainsi que je la nomme aujourd'hui, mais je ne savais pas encore ce que c'était. Elle délirait, avait des hallucinations, une attitude étrange, elle tombait en extase. Elle serrait contre elle un petit nounours qu'elle coiffait. Je me rappelle avoir éprouvé une émotion, où l'intérêt était proche de l'angoisse. Oui, c'est ça, un mélange d'intérêt et d'angoisse. Je me demandais : « Que peut-il bien se passer dans sa tête ? » Cela me faisait peur et me fascinait simultanément. Puis est arrivé un jeune médecin qui lui a administré un médicament en perfusion. Cela me paraissait étrange qu'un médicament puisse enlever des images et des idées, cela me semblait curieux comme raisonnement. On lui a donc branché cette perfusion. Il s'agissait d'une bouffée délirante pas du tout agressive, facile à soigner. En effet, j'ai vu s'éteindre le délire en quelques heures.

Voyage au pays des psys

Cet épisode vous a-t-il beaucoup marqué ?

C'était comme une bouteille d'or. J'étais en effet étonné par une telle efficacité. La patiente s'est calmée, elle a continué à parler et à répondre à des voix, elle voyait des images. Deux jours plus tard, elle se demandait ce qui lui avait pris. J'ai eu une impression de miracle. Ainsi, les médicaments pouvaient donc soigner la folie ? C'était bien sûr un raisonnement un peu simple. Après cette expérience, j'ai terminé mes études de médecine, difficilement et sans plaisir. Je trouvais ce milieu hiérarchisé, méprisant, s'intéressant plus à la machine humaine qu'à l'homme. En revanche, dès que je suis devenu interne en neurologie et en psychiatrie, la passion a repris le dessus. Là, je me suis mis à lire et relire comme un fou, à rencontrer des gens ; nous étions en 1965, la psychiatrie dépendait de la neurologie, on expliquait tout par le cerveau. Puis vint Mai 68, le cerveau et l'esprit ont été séparés, radicalement séparés même, ce qui a créé quelques excès. Ensuite, j'ai connu de longues et belles années d'embellie, les heures glorieuses de la psychiatrie, avant que cela ne redevienne un secteur précocement vieux et usé. J'étais tout jeune, j'affirmais mes partis pris et mes opinions.

Combien de temps avez-vous mis à comprendre pourquoi vous étiez devenu psychiatre ?

Dans mon souvenir, cela remonte à l'adolescence. Je me disais qu'il fallait absolument que je devienne psychiatre, car j'avais une envie dévorante de connaître ce qui se passait dans la tête des autres. Peut-être une manière de comprendre ce qui se passait dans ma propre tête ! Je me suis donc mis à lire Freud avec passion. Adolescent, j'étais amoureux de Freud et de Marilyn Monroe dans le même temps.

Tout le monde ne lit pas Freud à quinze ans... Est-ce que certaines personnes de votre entourage vous ont influencé ?

Non, pas vraiment. À l'époque, les adolescents étaient très différents de ceux d'aujourd'hui, ils étaient plus intellos. À quatorze ans, j'étais plongé dans Sartre et cela ne me semblait pas anormal. Nous étions en 1955 et, à ce moment-là, deux activités remplissaient notre vie : lire et se battre. En effet, il paraissait impératif pour chacun de nous de prendre position politiquement, nous étions encore si près de la guerre. Il fallait s'engager. Et pour cela, il fallait être physiquement fort. Depuis la fin de la guerre, et avec celle d'Algérie, l'engagement physique et donc une bonne santé étaient nécessaires. Nous étions tous très politisés. Quelques professeurs m'ont aussi beaucoup marqué, notamment un professeur d'histoire et un professeur de philosophie. C'est une profession tellement malmenée que j'en profite pour leur rendre hommage. L'un d'eux, M. Mouzelle, m'avait envoyé au concours général de français. J'en suis reparti bredouille, mais je garde le souvenir de quelque chose de très solennel. Nous étions peu nombreux et, à l'appel de notre nom, nous devions monter un par un l'escalier d'honneur de la Sorbonne. La lauréate a eu sa copie publiée dans *Le Figaro*. Je crois que c'est un prof de philo qui nous a invités à lire Freud. En tout cas, mes professeurs ont sans doute eu une influence sur ma formation intellectuelle.

Voyage au pays des psys

Au même titre que certains de mes amis ; j'ai eu beaucoup de copains merveilleux, qui s'appelaient par exemple Roland Topor ou Bernard Kouchner, et d'autres inconnus, mais tous avaient déjà de fortes personnalités.

Comment êtes-vous passé de la lecture de Freud à l'étude de la psychiatrie ?

Tout d'abord, je me suis retrouvé dans ces études parce que la psycho existait peu à cette époque. Pour satisfaire ma seule envie, qui était de comprendre absolument ce qui se passait dans la tête des autres, il me fallait donc devenir psychiatre. La psychologie est vraiment née au début des années 60 et a explosé après 68. Quand j'ai passé le concours de psychologie, nous étions très peu nombreux.

Comment avez-vous interprété cet intérêt pour la psychiatrie ?

Pendant la guerre, j'étais déjà atteint de ce mal : la rage de comprendre. C'était étrange, ou peut-être pas tant que ça. Les adultes étaient fous, le monde était fou, la société était folle. Le seul moyen de ne pas devenir fou soi-même était de chercher à comprendre. Il fallait absolument donner sens à la violence insensée. Cette maladie bénéfique, je l'ai contractée pendant la guerre. Très tôt, j'ai commencé à dévorer pas mal de livres sur la vie psychique. Votre question est quand même stimulante, parce que j'ai mis très longtemps à découvrir l'origine de mes motivations. Dans mon souvenir, je croyais vouloir devenir psychiatre grâce à l'influence de quelques professeurs merveilleux et de quelques copains dont nous parlions tout à l'heure. Mais je me souviens maintenant d'une autre anecdote, qui a son importance. Un jour, je suis allé fouiller dans le grenier de ma tante. J'ai trouvé par terre une rédaction que j'avais écrite lorsque j'avais onze ans. Il nous était demandé ce que nous voulions faire plus tard. J'ai découvert avec stupéfaction la phrase suivante : « Quand je serai grand, je veux être psychiatre. » J'écrivais cela alors que je ne savais pas du tout ce que c'était ! Qui plus est, à une époque où la psychiatrie n'existait pas ! Et où il fallait être fou pour être psychiatre – d'ailleurs cela n'a pas beaucoup changé ! Cette motivation à devenir psychiatre était donc bien antérieure à mes souvenirs.

Étiez-vous un étudiant déterminé, conscient d'un chemin tout tracé ?

Je voulais être psychiatre, mais pas médecin. Les études de médecine ne m'intéressaient pas du tout, au début j'ai eu beaucoup de mal. Si c'était à refaire, je ne suis pas sûr que je m'engagerais dans les mêmes études. J'ai été reçu au concours de l'institut de psychologie alors que j'étais encore étudiant en médecine. Ma passion, c'était la psychologie, l'homme. En médecine, on apprend des morceaux d'homme, des tuyaux, des tubulures, des échanges chimiques, mais on n'apprend pas l'homme. Tout a vraiment commencé lorsque je suis devenu interne à Paris, en neurochirurgie. C'est une discipline qui me plaisait beaucoup, parce que c'était le cerveau. C'était absolument passionnant car tout démarrait à cette époque dans ce domaine. Quelques années auparavant, on pensait encore qu'il ne fallait pas toucher au cerveau. On disait qu'un cerveau touché, c'était la mort. Puis on s'est aperçu qu'on pouvait couper le cerveau des gens sans qu'ils en meurent pour autant. J'ai donc assisté aux débuts d'une nouvelle spécialité médicale. L'ambiance était incroyable. On travaillait tous comme des acharnés, enchaînant garde sur garde. On était crevés, épuisés physiquement. On ne se déshabillait même pas ; on sortait des cours pour prendre des gardes, on travaillait toute la nuit, puis, au matin, on prenait un café sans s'accorder le temps de se changer et on recommençait les visites. Quel courage il fallait ! C'était passionnant. J'en garde un très bon souvenir.

Vous étiez donc passionné de neurologie et de psychiatrie. À quel moment vous êtes-vous aussi intéressé à la psychanalyse ?

J'ai fait une psychanalyse. C'était en 1978, alors que j'étais médecin psychiatre. Je m'occupais d'un centre pour schizophrènes. En fait, Mai 68 a provoqué une embellie absolument fantastique pour la psychanalyse. Le développement et le succès des livres psys que l'on constate actuellement sont pour moi un vrai signe de démocratie. Dans les régimes totalitaires, il n'y a pas de place pour la psy. Il y a le bien et le mal, la bonne et la mauvaise pensée. L'excès de psy est un bon signe pour notre démocratie.

Pourquoi aviez-vous décidé de faire une psychanalyse ?

Je me sentais ambivalent. J'étais à la fois passionné par Freud et par la neurologie. J'ai découvert l'éthologie dès les années 60, une discipline qui m'a tout de suite beaucoup enthousiasmé. Et c'est l'éthologie qui m'a mené à la psychanalyse, en suivant notamment les travaux que Jenny Aubry et Myriam David avaient commencés dans les années d'après-guerre.

De qui vous sentez-vous le plus proche ?

Serge Lebovici, l'un des plus grands noms de la psychanalyse, m'a beaucoup marqué parce qu'il m'a beaucoup aidé, en m'invitant à ses séminaires à Bobigny, où il me faisait faire des exposés d'éthologie, puis en prenant ma défense quand j'étais attaqué. Il m'a toujours beaucoup encouragé.

Quand vous avez fait votre psychanalyse, était-ce une sorte d'exercice intellectuel ou une réponse à un mal-être ?

Non. C'était pour comprendre, mais ce n'était pas tellement intellectuel. C'était pour comprendre la psychanalyse, et aussi pour mieux appréhender des choses sur moi et sur les autres, tout ce que je n'arrivais pas à saisir. Comprendre, c'est un plaisir physique ! Je savais déjà que, probablement, je ne pratiquerais pas. J'ai suivi quelques séminaires et j'y ai rencontré des gens éblouissants de culture, de gentillesse et d'ouverture. Mais la personne qui m'a le plus aidé et marqué, c'est Serge Lebovici. Il m'encourageait et me disait : « Continuez. Travaillez comme ça, c'est passionnant. C'est votre chemin. » Mais j'ai aussi rencontré des personnages très sectaires, qui devenaient blancs de rage au moindre doute ou à la première contradiction, même quand on ne faisait que poser une question. J'y ai retrouvé la même chose qu'au Parti communiste !

Comment s'est déroulée cette analyse ?

Elle a duré presque trois ans. Mon analyste était lacanien. J'ai fait ma psychanalyse en deux temps. Une première fois avec une femme admirable, à Marseille. Avec elle j'ai vécu des choses très mobilisantes. C'était vraiment une femme passionnante, mais elle est tombée malade et j'ai dû changer de psychanalyste.

Quand vous dites « mobilisantes », vous voulez dire que vous avez vraiment appris des choses sur vous-même ?

Non. C'était plutôt une autre manière de penser, une autre façon de voir les choses... Elle m'a fait entrevoir une sorte d'authenticité que, peut-être, je n'avais pas avant. Pour moi, la psychanalyse, c'est le cheminement vers l'authenticité. Dans mon cas, c'est ce que j'ai éprouvé de plus « positif » avec l'analyse, contrairement à d'autres sensations plus désagréables. Je pense notamment à ce que recommandaient à l'époque nos maîtres, nos formateurs : « Il ne faut pas que l'on entende le son de votre voix. » J'ai beaucoup souffert de ce silence imposé. Et j'ai bien peur d'avoir fait souffrir quelques patients à cause de cela. À cette époque, le dogme ne cessait de nous dire : « Si tu veux devenir psychanalyste, tais-toi ! » Une partie de ma psychanalyse s'est donc déroulée dans le silence. Un silence accablant.

Boris Cyrulnik

Cela vous a-t-il gêné pour votre propre psychanalyse ?

Oui. Ça m'a gêné pour ma psychanalyse, mais aussi ensuite, lorsque j'ai exercé comme psychothérapeute. J'ai mis longtemps à ne plus me laisser influencer – ce qui est étonnant d'ailleurs compte tenu de mon caractère, moi qui ai toujours évité de m'engouffrer dans les grandes doctrines. J'ai toujours eu tendance à préférer les sentiers de chèvres aux autoroutes. Je crois que je me suis laissé dérouter car j'étais face à des gens que j'admirais. J'étais persuadé qu'ils avaient compris des choses que je n'avais pas réussi à comprendre. Je me suis donc laissé influencer par ce dogme du silence, aujourd'hui beaucoup moins pesant, mais qui m'a bien empoisonné pendant des années.

Vous parlez du fait d'avoir été « empoisonné » par ces silences. Préférez-vous parler pendant les séances avec vos patients ?

Pendant les premières années d'exercice, je parlais peu. Le poids du dogme ! Puis j'ai essayé : je me suis senti beaucoup plus à l'aise et je pense que mes patients aussi.

Avez-vous pu vous faire une idée de l'origine de votre vocation au cours de votre analyse ?

Je pense qu'à l'origine de ma décision de devenir médecin psychiatre, il a dû y avoir un moment d'altruisme, du moins au début. Je parle là en tant qu'enfant d'émigrés, ayant eu une enfance fracassée par la guerre. J'ai grandi dans la difficulté et je me suis construit dans le chaos. Le métier de médecin, pour un fils d'émigrés, à l'enfance broyée, était un moyen de réintégrer le monde des hommes. Aujourd'hui, beaucoup de Maghrébins veulent devenir médecins. Ils ont raison, car c'est une bonne façon de se faire accepter et de prendre place dans notre société. Et non pas d'être juste tolérés. Quel mot ! Si l'on est « tolérant », ça veut dire que l'autre est « toléré ». Il faut accepter l'autre tel qu'il est, et non le tolérer. J'avais ainsi découvert un moyen de réintégrer le monde des hommes et de trouver ma place. Je dirais donc que cette vocation était un altruisme mêlé d'une sorte de raccommodage. En soignant les autres, je me faisais accepter. C'était plus une stratégie d'intégration qu'une véritable motivation.

Quelles étaient vos autres motivations ?

La motivation première, c'était comprendre l'homme. Je voulais aussi réaliser un rêve, mais pas le mien. Faire médecine était en effet le moyen de concrétiser le souhait de ma mère. C'est ce qu'elle avait exprimé avant de disparaître, comme me le confirma ma tante. Elle voulait que je sois médecin. Voilà un mandat difficile ! On peut négocier avec une mère vivante, on peut l'affronter. On peut lui dire : « Je ne suis pas d'accord, tu me casses les pieds... Lâche-moi les baskets ! » Les adolescents ne se gênent pas pour dire des choses comme ça. Mais avec une mère morte... on ne discute pas. Son désir était tout-puissant. Il me fallait réaliser le désir de ma mère et ce n'était pas négociable. Il fallait que je sois médecin, avant d'oser devenir moi-même.

Pourtant, en répondant ainsi au désir de votre mère, vous allez rapidement vous passionner pour ce métier. Quel plaisir en tiriez-vous ?

Je pense qu'au début il y a toujours une gratification. C'est un métier extrêmement gratifiant. Est-ce narcissique ? Non. Il y a d'abord un étonnement. Quand les gens allaient mieux, ils m'attribuaient leur guérison, ou bien la mettaient sur le compte de la psychothérapie. Si bien que, souvent, je ne pouvais m'empêcher de leur dire : « Mais vous savez, c'est vous qui avez fait tout le boulot ! » Et je le pense encore aujourd'hui. Avec la psychanalyse, nous avons créé une convention, un lieu, une relation qui donnent à chacun la possibilité de faire un travail que ne permet pas notre culture. C'est là tout le problème. Au contraire, notre société ne crée que des rencontres de surface. Nos rituels nous interdisent de parler de nous. On considère comme indécent de parler de soi. Il fallait inventer un lieu qui permette ce travail de l'authenticité, de l'intimité. Et lorsque ce travail se déroule bien, il y a sans doute pour le thérapeute une part de gratification narcissique, au début.

Vous parliez de comprendre l'homme. D'ailleurs, dans vos ouvrages, on a l'impression que vous avez compris beaucoup de choses...

Je ne crois pas, non. Je crois que plus on cherche à comprendre, plus on comprend qu'il y a encore quelque chose à comprendre. Quand on a une certitude, c'est qu'on n'a pas compris, on est dans la récitation.

Pourtant la résilience, que vous avez contribué à faire connaître, est une certitude ?

Non. C'est une élaboration, c'est un travail, une recherche, c'est un étonnement aussi. Comme la folie, comme la guérison, comme l'angoisse. Comme la condition humaine. Tout cela n'est qu'étonnement. Une impression d'émerveillement... C'est pourquoi l'éthologie m'a toujours beaucoup intéressé. Quand j'étais enfant, j'avais l'impression d'être émerveillé devant le vivant. Tout ce qui vivait déclenchait en moi cette impression. Dans les écoles ou les institutions où j'étais, les adultes n'en parlaient jamais. Et puis, à cette époque, je n'avais pas souvent l'occasion d'avoir des conversations avec les adultes. Un enfant qui n'a pas de famille est un enfant qui n'a pas de valeur... Donc on ne lui parle pas, comme on ne parle pas aux sous-hommes... J'étais émerveillé par les animaux parce qu'avec eux, enfin, je pouvais avoir une qualité relationnelle. Cette merveille du vivant s'exprime très bien dans l'éthologie. C'est le même émerveillement que j'ai retrouvé dans l'authenticité de mes patients.

Avez-vous parfois été tenté d'arrêter ?

Non, et j'ai même eu beaucoup de mal à arrêter. J'ai ralenti mes activités un peu avant l'âge de la retraite. La résilience se développait beaucoup, j'étais de plus en plus souvent invité dans des universités étrangères, pour animer des groupes de recherche. J'étais donc obligé de beaucoup voyager, et quand on est psychothérapeute, on ne peut pas s'absenter longtemps. J'ai donc eu du mal à arrêter mes consultations. J'ai eu un chagrin d'affect. J'ai été mal neuf mois avant et neuf mois après.

Boris Cyrulnik

Que ressentiez-vous ?

J'avais l'impression de laisser tomber mes patients. Je me sentais coupable. Je ne me sentais pas bien du tout. L'idée de ne plus exercer m'était difficile à supporter. Figurez-vous que l'on est plein de la vie des autres ! Les biographies sont folles, passionnantes ! Aucun metteur en scène, aucun romancier ne peut inventer ce que les gens nous racontent. Il y a des choses inimaginables et les gens les ont vécues ! Mais bien souvent ce sont des choses qu'ils ne peuvent pas dire, par gêne ou parce qu'on pourrait les faire taire, ou ne pas les croire. C'est exactement ce que j'ai ressenti après la guerre. La déportation, les camps... et personne ne voulait nous croire. Je m'identifie beaucoup à mes patients, à leur crainte de raconter, leur peur de ne pas être pris au sérieux. Ils me disaient : « Ça, je ne peux pas le dire » ou bien : « Je n'ai personne à qui le dire. » Je me sentais si proche d'eux. Parce que c'était hors humanité. C'était fou, inacceptable par les standards sociaux. Beaucoup de gens souffrent d'angoisse, parce qu'ils sont contraints de se taire. Cette blessure me touchait beaucoup, parce que c'était exactement la même que celle que j'avais éprouvée après la guerre. Les gens ne me croyaient pas, ou bien ils me demandaient de me taire. J'étais donc en empathie avec mes patients. C'est pourquoi j'ai eu beaucoup de mal à les quitter. En revanche, je n'ai pas eu de problème pour arrêter l'hôpital, malgré ma passion pour la neurologie. Mais à la longue, l'hôpital était devenu infréquentable, parce qu'on soignait mieux les factures que les malades. L'administration avait pris le dessus, aux dépens de l'humain.

Caroline Thompson

« Aider les gens à sortir de ces rôles où on les enferme. Ne pas rester dans une certaine ignorance de soi. »

Caroline Thompson est psychologue et psychanalyste. Elle enseigne à Paris et travaille au service de pédopsychiatrie de l'hôpital de la Pitié-Salpêtrière. C'est une belle jeune femme blonde, enjouée et souriante. Une séduction naturelle qui, pensait-elle à ses débuts, pouvait la desservir, voire faire douter de son sérieux. Aujourd'hui, l'exercice de son métier lui permet de faire valoir ses talents avec assurance, et surtout de s'affranchir de la pression familiale. En effet, Caroline Thompson est issue d'une grande famille de saltimbanques... Difficile de quitter les lumières du cinéma pour le secret du cabinet ? Elle raconte ici son parcours peu ordinaire, fait de quête de soi et de détermination.

Pour son confort, elle a choisi de se confier chez elle, lovée dans un grand canapé blanc, pieds nus, un café frappé posé sur la table basse. Ses grands yeux bleus interrogent parfois le plafond à l'évocation de certains souvenirs, cette grande connaisseuse des médias semble rompue à l'exercice de l'interview. L'humour n'est jamais absent de ses propos, entre retenue et pudeur.

Voyage au pays des psys

Isabelle Giordano : Vous recevez comme patients autant d'enfants que d'adultes. Comment vivez-vous la tendance actuelle à consulter au moindre problème ? Que pensez-vous de la place des psys dans notre société ?

Caroline Thompson : J'aurais envie de donner une réponse anthropologique. Nous vivons un moment précis, et je ne suis pas sûre que le psy aura cette même place dans cent ans. Je ne crois pas à l'universel des problèmes et à une manière unique d'y répondre. Mais je pense que cette omniprésence des psys joue un rôle utile dans la société d'aujourd'hui. L'argument qui consiste à dire : « Il y a cinquante ans, on se débrouillait sans » me paraît idiot. On se débrouillait aussi sans électricité et sans voiture. Aujourd'hui, nous vivons dans des sociétés beaucoup plus isolées, plus introspectives, où l'intériorité et le développement personnel ont pris de l'importance. La demande n'est pas la même qu'au XIXe siècle et le corpus social est différent... Il existe donc des raisons spécifiques pour lesquelles les psys occupent une telle fonction aujourd'hui – maintenant on pourrait bien sûr remettre en question cette place. Car l'idée qu'il y aurait une solution à tout problème et qu'il suffirait d'aller voir le psy pour trouver un remède me paraît fausse. Il est complètement normal d'avoir des problèmes et tous ne se résoudront pas. Il existe aujourd'hui une demande quasi magique à laquelle les psys ne peuvent pas toujours répondre. Je crois d'ailleurs qu'ils ont du mal parfois à dire qu'ils n'ont pas réponse à tout. Cela induit certainement des malentendus.

Caroline Thompson

Quelles thérapies pratiquez-vous ?

Je suis psychanalyste. Et je suis de plus en plus intéressée par la thérapie familiale, que je pratique principalement à l'hôpital. Depuis le début, je fais beaucoup de thérapies pour enfants.

En majorité ?

Non, pas en majorité. Les enfants constituent environ un tiers de mes patients. Je ne pourrais pas voir que des enfants, je n'envisagerais pas de travailler avec des enfants si je n'avais pas des adultes. Les deux sont complémentaires. Je consulte à peu près trois jours par semaine à mon cabinet. Et j'ai besoin d'autres activités, comme le travail institutionnel à l'hôpital ou encore l'enseignement.

Avez-vous une attitude particulière avant ou après une séance ?

Non, généralement j'ouvre la fenêtre. C'est à peu près tout ce que je fais...

À votre avis, quelle opinion vos patients ont-ils de vous ?

Je me souviens juste d'une petite fille qui m'appelait « dame parlotte » ! Ça me plaisait beaucoup : j'étais celle à qui on pouvait parler. Chez les adultes, une patiente m'a avoué une fois que je la terrorisais ! Cela m'a beaucoup étonnée sur le moment ! C'était pourtant une femme d'une cinquantaine d'années. Elle avait peur de moi, une projection qui nous a été très utile... Une autre

Voyage au pays des psys

m'a dit qu'elle se sentait à l'aise avec moi, peut-être parce que j'avais à peu près son âge et que je n'étais pas un vieux monsieur avec une barbe et une pipe ! Il y avait une identification possible. Je pense que j'ai de multiples images qui n'ont rien à voir avec celle que je suis, mais qui dépendent du patient. J'attends qu'ils en parlent et cela devient partie prenante du travail fait ensemble.

Quelle définition personnelle donneriez-vous de ce métier ?

Vouloir comprendre, c'est ce que j'aurais répondu il y a quelques années. Aujourd'hui, je dirais plutôt : vouloir accompagner une personne dans un moment de difficulté ou de crise, l'amener vers un état moins bloqué. Cela peut passer par « comprendre », mais pas forcément. Il y a aussi « sentir »... Le facteur du changement pour moi n'est pas toujours la compréhension. On peut comprendre un cas, mais parfois cela n'y change rien. Et puis on peut aussi amener une personne vers la transformation, vers un mieux-être, sans avoir forcément tout compris ! C'est un métier où il faut savoir rester humble. Je dirais que c'est une rencontre, une attention, une écoute, quelque chose que l'on invente avec la personne, une expérience... Voilà, c'est ça : une expérience qui peut être créatrice et correctrice.

Le sentiment d'utilité est-il déterminant pour vous ?

Oui. D'ailleurs, quand j'ai voulu faire ce métier, j'aimais l'idée de pouvoir concilier quelque chose d'intéressant intellectuellement et quelque chose d'utile. Oui, cette notion est essentielle. Avoir le sentiment d'être efficace, rencontrer des patients qui vont bien quelques années plus tard, c'est certain, tout cela fait partie des grandes satisfactions de ce métier.

Quel bénéfice tirez-vous de l'exercice de votre métier ? Qu'est-ce que cela vous apporte ?

Bien sûr, aider les gens est une grande satisfaction... Je dirais que c'est une grande stimulation intellectuelle. J'aime l'aventure humaine que cela représente. C'est aussi un cheminement personnel, un métier où l'on s'utilise soi-même en permanence.

Vous pensez avoir fait des erreurs ?

Forcément, oui, j'en ai fait. Parfois on s'en aperçoit, parfois on ne s'en rend pas compte sur le moment. Mais les erreurs, si elles sont travaillées, peuvent être fécondes, car cela ouvre souvent une nouvelle voie avec les patients. Savoir garder la bonne distance, qui n'est pas toujours la même, permet de travailler les erreurs.

Y a-t-il une barrière étanche entre vos patients et votre vie privée ?

Cela dépend. J'arrive à sortir du cabinet, à fermer la porte et terminer ainsi ma journée. Mais il est évident que certaines séances nous reviennent. Cependant, cela reste relativement rare. D'ailleurs, quand cela se produit, je m'interroge, je cherche à comprendre pourquoi.

Voyage au pays des psys

Et comment vivez-vous le fait d'être confrontée à la souffrance au quotidien ?

C'est fatigant, parfois même épuisant. À mes débuts, j'ai exercé dans un centre à Creil, en banlieue parisienne, où je me retrouvais parfois face à des enfants maltraités. C'était très dur. Le plus difficile aussi à supporter, c'est d'entendre des parents qui parlent très mal de leur enfant, alors qu'il est assis juste à côté d'eux.

Les psychanalystes ont la possibilité d'effectuer des « contrôles », au cours desquels ils peuvent évoquer leurs difficultés ou parler de leur pratique. D'après vous, ces contrôles sont-ils suffisants pour gérer ce contact avec la souffrance d'autrui ?

Personnellement, j'ai fait un contrôle, et je vais bientôt en commencer un deuxième. Tout d'abord, le contrôle permet de rapporter, d'analyser un cas, c'est une chose. Mais on peut également discuter avec des collègues, en parler autour de soi ; cela peut être bénéfique. En ce qui me concerne, je trouve très important de ne pas travailler uniquement en cabinet, car on y est seul. Le fait d'exercer aussi dans un institut permet de parler avec d'autres. On oublie que, paradoxalement, même si on travaille avec des patients toute la journée, c'est un métier très solitaire.

Avez-vous le souvenir de cas qui vous ont troublée ou déstabilisée ?

C'est difficile d'en parler, mais... par exemple, je me rappelle une femme qui m'a raconté la déportation de son père. Je me souviens d'avoir été complètement bouleversée. Quand elle m'en parlait, je n'étais plus du tout en position de thérapeute, je sentais les larmes me monter aux yeux... Parmi les situations difficiles, je trouve la maltraitance – entre parents et enfants ou entre époux – pénible, car le jugement moral ne sert à rien. Il faut, pour pouvoir soigner, sortir de cette position.

N'avez-vous jamais eu de doutes ou de regrets sur ce choix de carrière ?

Si, j'ai eu des doutes. Je me suis souvent demandé si j'avais fait le bon choix. Je ne cessais de me dire que j'aurais pu être historienne de l'art, ou productrice de cinéma, en tout cas avoir d'autres vies... Pendant longtemps, j'ai été taraudée par la sensation de ne pas avoir de vocation. Et j'ai mis de longues années à me réconcilier avec l'idée que les vocations sont rares. Car finalement, pour la majorité d'entre nous, chacun fait son chemin sans qu'il y ait forcément de vocation à l'origine.

Est-ce qu'aujourd'hui vous pourriez envisager de faire un autre métier que celui-là ?

Oh oui ! (*Rires.*) Je fais partie de ceux qui ont du mal à renoncer ! Ce qui ne veut pas dire que j'aie envie de faire autre chose, mais je pense que j'aurais pu faire autre chose. Dans la vie, on peut prendre des décisions, puis les choix de départ évoluent, ce qui est bien normal. Un peu comme avec l'histoire que l'on construit avec quelqu'un. On se rencontre, on décide de démarrer une aventure. Après, ce qui devient intéressant, c'est ce que l'on construit peu à peu avec cette personne.

Voyage au pays des psys

Lorsque vous vous projetez dans l'avenir, pensez-vous continuer à faire ce métier toute votre vie ?

C'est un métier difficile, mais il y a plusieurs façons de l'exercer ou de le faire évoluer. Si j'imagine faire ce métier toute ma vie, ce sera avec une évolution, mais je ne sais pas encore laquelle.

Un grand-père cinéaste (le réalisateur Gérard Oury), une mère scénariste et réalisatrice (Danièle Thompson), un frère également dans le cinéma, vous avez grandi dans une famille d'artistes, ce qui ne vous a pas empêchée d'envisager une autre carrière. À quel âge avez-vous commencé à y songer ?

Je pense que cela remonte à l'époque où je vivais à New York, j'avais vingt-deux ans. Avant cela, le cinéma m'occupait bien évidemment l'esprit. C'est un rêve qui fut l'élément déclencheur. J'étais donc à New York, je m'étais endormie, entre chien et loup. J'ai dû dormir un quart d'heure et je me suis réveillée avec un sentiment très étrange... Mon rêve était devenu ma vie et je n'arrivais pas à me souvenir de ce qu'était ma vraie vie... Il y avait une sorte de décalage très inquiétant, qui a duré quelques secondes. Cela m'a alertée, j'en ai parlé à un ami de mes parents. J'étais bien sûr à un âge où l'on se cherche un peu, mais tout de même... J'ai donc décidé d'aller voir une psychothérapeute, sans en savoir grand-chose d'ailleurs. Je crois que mon attirance pour la psychologie est née à ce moment-là. Un autre élément fut aussi très déterminant : enfant, j'étais sous le charme des parents de ma meilleure amie, qui étaient psychanalystes.

Caroline Thompson

Ils habitaient en face de chez nous. Ils représentaient le contraire de ma famille. Nous étions d'origine anglo-saxonne, mon père est anglais, et nous avions vécu aux États-Unis. Chez nous, on baignait pleinement dans ces années 60 très « pop-rock », alors qu'en face, l'ambiance était plutôt aux intellectuels de gauche. J'étais fascinée par ce couple, d'autant plus qu'à cette même époque mes parents divorçaient. Je découvrais un autre modèle qui m'attirait beaucoup, je me suis pratiquement réfugiée chez eux à ce moment-là. Je crois que leur souvenir a dû jouer d'une certaine façon, mêlé à cet épisode du rêve. Les deux éléments se sont mélangés et m'ont vraiment convaincue d'entreprendre des études de psychologie.

Comment ont réagi les membres de votre famille à l'annonce de votre nouveau choix professionnel ?

En France, j'avais fait hypokhâgne et khâgne, avant de partir pour les États-Unis sans vraiment savoir ce que je voulais faire. Deux ans de petits boulots, puis j'ai donc démarré un cursus de psychologie que j'ai complété ensuite en France. J'avais déjà vingt-quatre ans quand je leur ai annoncé que j'allais reprendre mes études, ce qui n'a pas le même impact que lorsqu'on est plus jeune. Peut-être ont-ils été un peu étonnés, mais surtout ils ont senti qu'il y avait là un vrai choix de vie. Un choix différent du leur, mais ils ne me l'ont jamais reproché. Quelqu'un de vingt-quatre ans qui annonce qu'il va reprendre ses études, ça fait sérieux ! J'ai fait la plus grande partie de mon cursus en France, de la licence au doctorat. Mais étudier la psychologie aux États-Unis au départ a été très formateur pour moi. Si bien qu'à mon retour en France, j'ai constaté que le milieu universitaire était tout de même assez fermé. J'avais heureusement acquis des ouvertures là-bas, j'avais conscience qu'il y avait autre chose.

Ce cheminement vers la psychanalyse s'est fait tout naturellement ?

Oui, mais mon désir se présentait plutôt sous la forme d'une recherche, d'une curiosité intellectuelle. Cette première approche ne découlait pas d'un mal de vivre, mais plutôt d'une envie de comprendre. C'est aux États-Unis que j'ai commencé mes études de psychologie. Mais lorsque, une fois de retour en France, s'est posée la question de faire une vraie analyse, il y a eu une petite réticence de ma part. Pour la première fois, j'étais face à un choix : est-ce que je fais une analyse parce que je veux devenir analyste ? Ou bien est-ce que je fais ces études parce que j'ai envie de faire une analyse, sans vraiment pouvoir l'exprimer ainsi ? Pendant longtemps, il y eut une sorte de confusion, comme s'il était difficile pour moi de dire : « Je fais une analyse parce que j'en ai besoin ou envie. » En fait, j'avais toujours un alibi professionnel ; ce n'est que quelques années plus tard que je me suis rendu compte que l'analyse répondait à des raisons plus profondes.

Donc, finalement, ce désir d'être psychanalyste est venu assez tard ?

Oui. Enfant, jamais je ne me serais imaginé faire ce genre de métier. À l'adolescence non plus. Le seul autre métier que j'ai considéré sérieusement était historienne d'art. C'était ma passion. Je ne sais pas comment je l'aurais fait, ni comment ça aurait évolué – je ne pense pas que je serais restée dans un milieu universitaire, mais c'est la seule autre profession que j'aie vraiment envisagée sérieusement.

Et l'attirance pour le cinéma persistait-elle ?

Évidemment. Pendant très longtemps, ce fut l'une des grosses questions de mon analyse. Choisir une activité qui était tellement en opposition avec le milieu auquel j'appartenais n'a pas été facile. En fait, je me demandais si ce choix n'était pas seulement réactif : était-ce un choix « contre » ou un choix « pour » ? Il me fallait trouver ma spécificité, trouver quelque chose que ma famille ne pouvait absolument pas juger parce qu'ils n'en avaient pas les moyens ; trouver quelque chose d'assez caché alors qu'eux étaient assez exposés. Mon choix de la psychanalyse comportait des avantages et des inconvénients : l'avantage de pouvoir me démarquer de ma famille, mais bizarrement un inconvénient apparaissait : j'avais le sentiment au contraire de devenir trop sérieuse. Mais peu à peu, au fil des années, je me suis approprié mon métier. Cela a pris du temps, environ quinze ans. Aujourd'hui, par exemple, je me sens moins obligée de l'exercer de façon très orthodoxe. Quand j'ai commencé, le fait d'être une femme, mais aussi d'être jeune, d'être blonde (*rires*)... tout cela, je pense, m'obligeait à être encore plus sérieuse que je ne l'étais. Je mettais même des lunettes, alors que je n'en ai pas besoin ! Je me disais qu'il fallait qu'on me prenne au sérieux. Maintenant je n'ai plus du tout ce problème-là parce que je suis moins jeune et que j'ai plus d'expérience, la pratique est donc plus apaisante pour moi.

Comment vous êtes-vous aperçue que le cinéma n'était pas un métier pour vous ?

Je pense que ça m'aurait énormément amusée. J'étais attirée par la production, j'ai même travaillé sur le film *Working Girl* et j'ai fait mes classes comme assistante du metteur en scène Mike Nichols. J'aurais pu continuer, mais je crois que j'ai eu peur de me mesurer à ce que je voyais à l'époque comme une sorte de dynastie familiale. L'idée de commencer d'en bas, comme l'ont fait ma mère, mon grand-père et mon frère, devoir faire ses preuves, cela me paraissait très difficile. Partir pour les États-Unis fut une première stratégie, si je puis dire... Et puis je sentais bien au fond de moi-même, malgré ma passion pour le cinéma, que j'éprouvais une vraie curiosité pour autre chose. J'avais l'impression que la vie était pleine d'autres centres d'intérêt. L'idée de se limiter à ce qui était finalement une évidence me paraissait contraignant. Nous sommes une famille extrêmement proche et unie, je voulais donc vivre une autre aventure tout en gardant cette proximité-là. Pouvoir rester proche sans me sentir étouffée dans quelque chose de prédestiné.

Quels sont les « petits boulots » qui ont servi de transition entre le cinéma et la psychanalyse ?

Quand j'étais aux États-Unis, j'ai travaillé pour un peintre, j'ai lu des scénarios, je suis restée un mois dans une agence de pub et j'ai détesté ! Idem dans une agence de mannequins où je n'ai tenu que dix jours. J'ai fait tout ce que l'on peut faire quand on a une vingtaine d'années. On essaye, on tente, on cherche... D'ailleurs, quand je suis revenue en France et que j'ai repris des études de psychologie, bien que très engagée dans cette voie, j'ai continué à travailler à la télévision pendant deux ou trois ans. Une manière de gagner ma vie, mais c'était aussi une volonté de poursuivre cette double vie, de ne pas encore faire de choix.

Ça devait être étonnant parfois de passer d'un monde à l'autre ?

C'était une drôle de chose, mais qui me convenait très bien. Je quittais la fac de psychologie pour aller travailler avec Guillaume Durand ou Frédéric Mitterrand. Cela convenait à ma dispersion naturelle... Disons que je fais partie de ces gens qui aiment avoir le beurre et l'argent du beurre ! Mais quand j'ai eu mon diplôme, j'ai totalement arrêté la télévision. Très naturellement, je n'ai plus eu besoin de ce va-et-vient.

Combien de temps a duré votre première analyse ?

Elle a duré sept ans, de 1991 à 1997.

Avez-vous d'emblée parlé de cette fameuse « dynastie familiale » que vous évoquiez ?

Évidemment, j'en ai parlé tout de suite. Mais ce n'était pas la demande, ce n'était peut-être pas si prioritaire que cela. J'ai bien sûr raconté l'épisode du rêve à New York et le parcours effectué avec cette femme psychothérapeute. Je crois que mon premier entretien devait être très proche du début de cette interview ! Mais ensuite, la vraie demande concernait plutôt mes difficultés à appréhender l'avenir. Je me sentais assez bloquée : j'avais l'impression que mon énergie et mon investissement dans le travail, à la fac, me demandaient énormément d'efforts, car il y avait une résistance par rapport à tout ça. J'avais sans doute du mal à affirmer mon choix de vie. Je me souviens d'avoir parlé de mon adolescence, de cet enthousiasme, cet appétit de connaissance que j'éprouvais alors et que j'avais l'impression d'avoir un peu perdu. Une bonne partie de mon analyse a porté là-dessus.

Que vous a révélé cette analyse sur vous-même et sur vos aspirations ?

Il y a, à l'origine même de mon choix, des éléments qui restent assez flous. Je pense qu'il y a une explication « chronologique » : l'influence de ce couple d'analystes dans ma jeunesse, l'alternative à un mode de vie familial, et puis évidemment des raisons plus affectives, la réparation, la volonté de s'occuper des gens, des choses qui peuvent sembler très évidentes mais que je n'ai pas formulées comme telles pendant très longtemps.

Qu'entendez-vous par « réparation » ?

Je me méfie de ceux qui disent qu'on fait ce métier pour faire un travail sur soi, parce qu'il s'agit essentiellement de travailler avec et pour les autres. Mais il est évident que cela réveille des choses en soi... Je pense me situer dans un juste milieu, entre le besoin personnel de réparation qui joue certainement un rôle, et le plaisir intellectuel et humain d'exercer ce métier. Mais je ne me sens pas du tout dans le sacrificiel. Cela dit, j'insiste sur un point qui me paraît primordial : l'analyse est avant tout importante parce qu'on ne peut pas être thérapeute sans être passé par l'analyse. Et je parle des thérapeutes en général, pas seulement des psychanalystes. C'est un avis personnel. Tout être humain a des failles et s'il ne les a pas repérées, le thérapeute peut rester sur la défensive, ou ignorer des effets insoupçonnés. Que l'on soit psychanalyste ou thérapeute, il y a donc un minimum de bonne santé mentale à posséder pour accéder à ces zones assez mystérieuses et assez noires chez le patient, sans être soi-même mis en danger.

Finalement, quelles conclusions avez-vous tirées de votre propre analyse ?

Chez moi, la volonté de mieux comprendre est une constante, une sorte de lucidité. Il y a cette volonté de ne pas rester dans l'ignorance de soi. De ne pas prendre pour argent comptant des façons d'être ou des apparences. Je viens d'une famille où l'apparence a une grande importance, ce qui n'est pas forcément négatif. J'ai vite compris qu'il fallait aller au-delà des apparences. Mon analyse m'a permis aussi de faire la paix avec les deux « mauvaises idées » sur moi-même avec lesquelles j'ai grandi : premièrement, je pensais que j'étais quelqu'un de peu compliqué ; et puis, je me voyais comme quelqu'un d'intelligent mais pas assez créatif. Deux idées fausses, mais bien souvent nous sommes obligés d'endosser un rôle qui n'est pas le bon. Une des raisons pour lesquelles je suis devenue analyste, c'était pour pouvoir raconter une autre histoire. Pour aider les gens à sortir de ces rôles où on les enferme, ces scenarii qu'ils se racontent sur eux-mêmes, et qui sont finalement très contraignants et très limitants.

Et dans le contexte familial, y avait-il d'autres raisons, plus affectives ?

Le trauma évident fut le divorce de mes parents. J'avais huit ans. Avec le recul, je me suis rendu compte à quel point ce fut difficile. Le sentiment de « cassure » se joignait à la fin du mythe familial, du « tout est parfait », à la vision de ces parents « jeunes, beaux, riches et amoureux ». C'était aussi la première fois que l'on pointait le doigt sur ce que je considérais comme un « mensonge » : le divorce est venu réinterroger mon passé, mon enfance. J'ai bien senti que tout ce que j'avais vécu jusque-là n'était pas du tout comme cela apparaissait, tout était plus complexe. Quand j'étais petite, on m'a très souvent parlé de mes crises de colère. Elles étaient, paraît-il, monstrueuses. Alors qu'aujourd'hui je sais que je ne suis pas du tout quelqu'un de colérique. J'étais une fillette au caractère extrêmement fort. Et tout cela bien avant le divorce de mes parents. La vie n'était donc pas si rose que ce que je voulais croire. Mais c'est l'analyse qui a restitué cette vérité : ce n'était donc pas la séparation qui avait causé tous ces maux. C'était une reconstitution a posteriori que le travail en séance s'est chargé de défaire.

Caroline Thompson

Comment expliquez-vous alors ces crises de rage ?

Je pense qu'en fait j'étais extrêmement sensible aux jugements. Enfant, je devais sentir une grande attente, un énorme investissement narcissique à mon égard... et c'était insupportable. Mon enfance a été bercée de propos valorisants ; on me disait que j'étais belle, intelligente, que j'avais les capacités pour faire ce que je voulais. Ce qui est terriblement angoissant ! Parce que la barre était très haute et les réussites familiales déjà haut placées. À partir du moment où l'on vous dit : « Tu es intelligente, tu es belle, etc. », il faut remplir le contrat. Aujourd'hui, je suis attentive à ces images que l'on renvoie d'eux-mêmes aux enfants. Quand on me dit par exemple de telle petite fille qu'elle a « mauvais caractère », je repense à mes crises de colère qui cachaient une vive inquiétude.

Votre attirance pour la psychologie a-t-elle été motivée par un besoin de mieux comprendre pourquoi les gens divorcent ?

Non, je comprends très bien pourquoi les gens divorcent. J'ai su rapidement que mes parents ne s'entendaient pas et j'ai attendu leur divorce pendant deux ans. À la maison, ma chambre était juste au-dessus de celle de mes parents. Je me souviens qu'au lieu de m'enfermer dans ma chambre, je me mettais dans l'escalier pour écouter leurs disputes... Comme si je me sentais plus rassurée d'être informée plutôt que de ne pas l'être. C'était lié à mon envie d'en savoir plus, de me sentir sécurisée. J'ai passé des heures assise sur les marches, témoin impuissant de ces crises conjugales. Finalement leur divorce fut un soulagement. Pendant longtemps, j'ai gardé une sorte de désillusion sur leurs relations, mais finalement, ce fut quelque chose d'assez positif. Grâce à cela, aujourd'hui, je ne pense pas être quelqu'un d'idéaliste. Je suis assez concrète dans les relations humaines. Par exemple, quelqu'un qui fait des promesses qu'il ne peut pas tenir me fait très peur.

Gérard Miller

« À la fin de sa vie, Freud disait que nombre de psychanalystes n'atteignent pas le degré de normalité auquel ils voudraient que leurs patients arrivent. »

Issu d'une famille d'immigrés polonais, fils de médecin, Gérard Miller a passé sa jeunesse à militer à l'extrême gauche, avant de devenir docteur en philosophie, psychanalyste et professeur au département de psychanalyse de l'université de Paris-VIII. Écrivain, scénariste, ses collaborations médiatiques sont devenues aussi fameuses que controversées. On pourrait craindre la dissimulation, le jeu, la feinte de la part de cet habitué des médias, du spectacle, des amphithéâtres. Pourtant, au fil de la conversation, ce dialecticien chevronné, que certains surnomment « le furibond professionnel », laisse peu à peu émerger l'émotion, l'inattendu, la confidence...

C'est un petit hôtel particulier au fond d'une cour, à deux pas de la place de la Nation à Paris. Un rez-de-chaussée, ni cossu ni délabré. Gérard Miller y a installé son cabinet de psychanalyste. Petite salle d'attente étroite, banale. Puis l'on pénètre dans l'antre : une vaste pièce majestueuse, imposante. Cheminée, canapé confortable, bibliothèque et une table immense derrière laquelle trône Gérard Miller. Il y a bien sûr l'indispensable « divan », une grande méridienne rouge, et quelques fauteuils. L'am-

biance est à la fois chaleureuse et magistrale. Un chat se promène, mais il est sommé de ne pas assister à l'entretien. Quant à moi, je prends place sur le grand canapé, tandis que Gérard Miller préférera la rigidité d'une chaise – pour mieux garder ses idées au clair ?

Isabelle Giordano : Aujourd'hui, la psychanalyse fascine. D'après vous, est-ce lié au charisme et à la personnalité des thérapeutes ? Avez-vous vous-même ressenti une forme d'admiration pour ce métier au début de votre analyse ?

Gérard Miller : Claude Conté, mon premier analyste, était quelqu'un de tout à fait attachant, un type bien qui m'a préservé des dangers de l'admiration. C'était un homme effacé, qui habitait au fond d'une impasse, dans une petite maison tout droit sortie d'un paysage de campagne. Bon théoricien, parfois même brillant, mais orateur modeste, il donnait de lui-même une vision plutôt « popote ». S'il avait été plus flamboyant, est-ce que cela aurait changé pour moi le cours des choses ? Aurais-je été charmé, captivé, fasciné ? Non, je ne le crois pas. J'éprouvais une vive sympathie pour la découverte freudienne, mais, sortant du gauchisme, je n'étais pas prêt à m'énamourer d'une quelconque idole. Et ce que j'ai tout de suite aimé dans le métier de psychanalyste, c'est au contraire la capacité que le mien avait de s'effacer ! Je l'ai compris plus tard : le principal obstacle dans une cure analytique, c'est souvent le psychanalyste lui-même, lorsqu'il cherche à devenir un modèle, à précipiter l'identification de son patient, lorsqu'il veut interpréter à tout crin, guérir, éduquer, transformer... Avec Claude Conté, j'attra-

Gérard Miller

pais la psychanalyse par un biais qui me convenait. Il y avait attachement, transfert, mais, dans le même temps, rien ne s'opposait à ce qu'il y ait, le moment venu – et c'est indispensable dans une cure, même si le terme n'est pas très heureux –, une « liquidation » de ce même transfert.

Plus tard, devenu moi-même psychanalyste, comme tout jeune praticien en a l'habitude, je suis allé faire un « contrôle », c'est-à-dire parler de mes premiers cas avec un autre psychanalyste. Une femme, cette fois, Solange Faladé, un personnage très respecté par la communauté analytique, noire et... princesse, énigmatique, impérieuse, avec un petit côté précieux qui lui allait bien. Je suis allé la voir parce que son expérience clinique était incontestable. À la première séance, je m'en souviens, elle m'a dit un truc simple et essentiel à propos de l'un de mes patients qui voulait interrompre sa cure : « Le psychanalyste doit accepter qu'on le laisse tomber. » Vous le voyez, c'est donc moins par le biais de l'envoûtement que de la raison, que je suis devenu psychanalyste... Et cela était vrai, y compris dans les rapports que je pouvais entretenir avec Jacques Lacan, qui était tout de même un de ces rares génies qu'il est donné d'admirer dans une vie. Cela dit, j'ai eu la chance d'appartenir à une génération qui avait à portée de main des gens hors du commun ! Roland Barthes fut le directeur de ma thèse de troisième cycle, Michel Foucault celui de ma thèse d'État, quant à ma maîtrise, c'est Jean-François Lyotard qui la pilota ! Et je pourrais aussi bien parler de Sartre, que je côtoyais dans le militantisme... Mais, bon, mes véritables héros restaient ceux de mon enfance : Bibi Fricotin, Arsène Lupin et le comte de Monte-Cristo !

Voyage au pays des psys

Le fait de revendiquer une certaine légèreté est-il un choix conscient pour vous démarquer, pour donner une image moins sévère du psy ?

La légèreté que je revendique n'est pas une question d'image, je ne suis pas un « commercial » cherchant à vendre la psychanalyse ! La légèreté, depuis que je suis enfant, c'est mon style, je n'y peux rien. Très tôt, j'ai élu comme statue fétiche le génie de la Bastille qui, à la différence de la plupart des statues parisiennes, posées, majestueuses, impressionnantes, danse sur un pied, à deux doigts de se rompre le cou. Personne ne sait s'il vient d'arriver ou s'il est sur le point de partir... Je ne m'en félicite pas, mais physiquement, je lui ressemble : je tiens difficilement en place. J'ai beaucoup de mal, quand je préside une séance dans un colloque de psychanalyse, à rester à la tribune pendant deux ou trois heures d'affilée. Rester en place, dans mon fauteuil de praticien, est également, et à chaque fois, un exercice ! Même assis, même immobile, je garde le goût de la pirouette et du saut. Pour moi, il n'y a de vérité que dans le coup d'œil. Ce qui me plaît dans la découverte freudienne, ce sont d'abord les lapsus, les faux pas, la vérité juste à côté de là où on imagine qu'elle se trouve. La psychanalyse n'est pas une activité pesante, même si la souffrance est plus souvent qu'à son tour au rendez-vous. Magicien amateur, j'ai toujours eu une passion pour le cirque et le music-hall. Je ne considère pas qu'en devenant psychanalyste j'ai trahi l'enfant rusé et baratineur que j'étais. J'ajouterai que le psychanalyste lui-même n'a nul besoin de prendre une attitude de componction, d'affecter une gravité de circonstance. Même si le tragique est son lot quotidien, il n'en rencontre pas moins le comique, celui de la « comédie » humaine en tout cas ! Ce que la psychanalyse m'a confirmé, c'est qu'il n'est jamais nécessaire d'en « remettre ».

Comment expliquez-vous cette attirance pour les médias et la télévision en particulier, en plus de vos activités liées à la psychanalyse ?

Chaque fois qu'on me pose la question, je réponds d'abord que tout ce qu'on me voit faire à la télévision, c'est elle qui me l'a demandé. Je ne suis jamais allé « démarcher » Michel Drucker pour *Vivement dimanche*, ni Laurent Ruquier pour *On a tout essayé*. Pas davantage Laure Adler pour *Le Cercle de minuit* ou Bernard Rapp pour *Tranche de cake*. Mais comme en général on ne se satisfait pas de ma réponse, j'ajoute que, depuis toujours, je déteste les portes fermées. Du coup, j'ai éprouvé un grand plaisir à franchir le maximum de seuils possibles, ceux de l'université et de la psychanalyse, en priorité, mais aussi bien celui des médias devant lequel je vois piétiner rageusement tant de gens, qui méritent pourtant mieux que d'être l'objet de cette colère impuissante. Si vous saviez le nombre de mes collègues universitaires, par exemple, qui ont le sentiment que le monde des médias leur est « inaccessible » ! Moi, cela m'amuse de jouer au chat et à la souris avec les journalistes ou les présentateurs, sans me sentir pour autant plus impliqué que cela par leurs manigances. Voilà, les médias, c'est d'abord ça : un petit monde sans grande importance où je baguenaude la tête ailleurs. J'y ai beaucoup de copains, quelques amis, j'arrive à glisser de temps en temps des messages qui me tiennent à cœur – tant que je ne m'y ennuie pas et que je ne m'y sens ni asservi ni corrompu, pourquoi partir ? Je dis souvent que la télévision est ma « danseuse », avec cet avantage non négligeable que c'est elle qui me paie. Que puis-je répondre d'autre pour convaincre de leur erreur ceux qui me prêtent de grandes ambitions télévisuelles ? « Vous avez l'air si à l'aise, si heureux, à la télé ou à la radio », me disent-ils. Ils ne me rencontrent pas dans mes autres activités, où, à coup sûr, je prends beaucoup plus de plaisir !

Quel est alors votre plaisir dans l'exercice du métier de psychanalyste ? Et peut-on d'ailleurs parler de plaisir ?

En tout cas, ne parlons pas de jouissance – cela n'aurait rien à voir ! Ce qui m'apparaît tout d'abord, c'est que, pour réussir tant bien que mal ce que je fais, y compris la psychanalyse, j'ai besoin de n'être pas chagrin. Certes, Lacan disait de sa pratique qu'elle le tenait comme la laisse tient le chien, et c'est vrai que celui qui accepte de diriger des cures s'engage dans une expérience qui le mobilise, qui le contraint, parfois même qui le dévore. Mais, dans le même temps, je ne connais, pour ma part, aucune pratique qui soit plus passionnante ! Je suis psychanalyste depuis 1978, et vous imaginez que je ne suis en rien lassé par ce que mes patients me racontent ! Vous l'imaginez bien volontiers, parce que vous êtes bienveillante, mais vous avez du mal à le croire, j'en suis sûr... Et pourtant, c'est un fait que je constate chaque jour. Quand quelqu'un vous décrit ses symptômes, il est vraisemblable que vous en avez déjà rencontré, et pas qu'une fois, de semblables. Dix, vingt autres patients avant lui vous ont dit presque la même chose. Presque ou pas du tout ? Eh bien, moi, j'opte pour « pas du tout ». En cela, je suis freudien : quand un patient me parle, j'oublie tout ce que j'ai entendu des autres ! Faire en sorte que chaque patient soit le premier, tout en ne dilapidant pas ce que vous avez engrangé d'expérience, c'est ça l'enjeu. À la fin d'un livre que j'ai écrit, il y a quelques années, *Minoritaire*, je dis que chaque vie a un goût que seul goûte celui qui la vit, et qui est incomparable – c'est vraiment mon avis, et je le partage ! La psychanalyse, dans un monde qui nous standardise, donne tout son prix à ce qu'il y a de singulier en chacun. Ancien membre de la Gauche prolétarienne, j'ai travaillé deux ans comme ouvrier agricole et j'ai une petite idée de la fatigue qu'engendre le travail manuel – quand il fallait planter des choux, faire les foins, s'occuper des cochons ou des veaux... La fatigue intellectuelle plombe aussi le corps, mais au final, oui, la satisfaction que je trouve à être psychanalyste peut être appelée plaisir.

Avez-vous besoin de vous sentir utile ? Est-ce une des raisons qui vous ont poussé à devenir psychanalyste ?

Je ne suis pas entré dans le mouvement gauchiste comme dans une société de bienfaisance, je ne suis pas davantage devenu psychanalyste pour faire la charité. J'aime bien le mot inventé par Lacan : « Le psychanalyste ne fait pas la charité, il *décharite*... » Lacan comparait les psychanalystes aux saints. Là encore, ça me plaît... étant ami avec Sœur Emmanuelle qui sera certainement sanctifiée un jour. Cela dit, de toutes mes activités, la psychanalyse est certainement celle qui me donne, en fin de journée, la satisfaction du « travail accompli ». C'est toute la différence avec la télévision, dont vous me parliez. Non seulement la télé mobilise très peu de mes neurones, mais elle me laisse toujours sur ma faim. J'ai chaque fois l'impression d'avoir brassé du vent, je me dis toujours que j'aurais pu faire mieux ou, en tout cas, autrement. Rares sont les fois où, au sortir d'une émission, je ne pense pas : « Vingt siècles de civilisation chrétienne et dix ans d'études supérieures pour en arriver là... » J'ai à l'occasion bien ri, mais quel tombereau de sottises, de banalités, d'erreurs j'ai contribué à déverser ! La psychanalyse, ça a vraiment une autre gueule. Est-ce que je me dis pour autant que je suis utile ? Je ne peux pas prétendre que c'est ce qui me berce le soir venu. J'ai une très grande capacité à faire le vide, à baisser comme les petits commerçants le rideau de fer, à passer à autre chose – la lumière éteinte, je dors d'ailleurs à la seconde, à peine la tête sur l'oreiller, sans faire ni le bilan de mes mérites ni celui de mes fautes, et sans penser davantage au lendemain. Il faut vraiment que le malheur ait frappé à ma porte pour me tenir en éveil. En règle générale, ma devise, c'est : « À chaque jour suffit sa peine. » Je voudrais laisser vivre en moi, le soir, le sentiment d'avoir été utile, que déjà je roupillerais. Je n'en pense pas moins que la psychanalyse, elle, a une utilité, et de taille, y compris d'ailleurs dans le rôle qu'elle joue pour renforcer le lien social, ce dont on parle peu. Mais pour faire son travail, le psychanalyste n'en doit pas moins se préserver de tout « orgueil thérapeutique », l'expression est de Freud. Il doit se garder de toute velléité éducative, s'empêcher même de vouloir le bien de ses patients. Vous le constaterez, nous sommes entourés de gens qui nous veulent du bien : nos parents, nos profs, nos hommes politiques, tout le monde n'agit, à les en croire, que pour notre bien. Or ceux-là mêmes qui ont de si bonnes intentions provoquent régulièrement les pires catastrophes. Je suis devenu lacanien le jour où j'ai entendu Lacan affirmer : « Je n'ai pas de bonnes intentions. » Quel soulagement ce fut de rencontrer quelqu'un qui refusait la mascarade du brave type, le cœur sur la main ! Peu de gens étaient aussi disponibles que Lacan pour ses patients, mais personne n'était aussi peu dans le semblant que lui.

Mais être psychanalyste a bien pour but d'aider les gens ?

« Aider les gens », l'expression ne me gêne pas, même si elle est équivoque. À l'UJCML, l'Union des jeunesses communistes marxistes-léninistes – on avait le chic, à l'époque, pour les sigles –, nous diffusions un journal intitulé *Servir le peuple* – j'aimais bien ! Alors, oui, on peut dire que le psychanalyste, comme l'enseignant, par exemple, « aide les gens »... Mais ce n'est pas pour autant qu'il se met dans la position du sauveur. Ni Dieu ni maître ! Ni bienfaiteur ni rédempteur ! Vous savez pourquoi on nous paye d'abord, nous les psychanalystes ? Pour être quitte. La mémoire est plus que respectable, l'ingratitude peut être odieuse, mais je déteste ceux qui affirment à leur supposé débiteur : « Je t'ai fait. » Je déteste ça, y compris quand il s'agit des géniteurs. Mettre au monde un enfant ne donne pas le droit de barrer sa liberté. Il faut pouvoir dire à l'autre : « Je ne te dois rien », sans oublier pour autant tout ce qu'il a pu vous apporter ! Je sais ce que mes parents et mon frère, Jacques-Alain, m'ont apporté, je sais ce qui revient de ce que je suis à Dominique, la mère de mes quatre enfants, ou à Anaïs, ma compagne, je sais que j'ai eu des maîtres – cette fois, au sens noble du mot... Et pourtant, je ne me sens l'obligé de personne. Rien dans les mains, rien dans les poches, mes comptes sont à zéro. Vous comprenez ainsi pourquoi je fais en sorte que mes patients soient libres vis-à-vis de moi, qui dirige leur cure et qui les « aide ». Aider l'autre, très bien, mais surtout ne pas l'encombrer !

Êtes-vous sensible au fait qu'un patient vous remercie ?

Quand j'ai terminé ma propre analyse, je me souviens avoir dit moi-même « merci » à mon analyste. Ce n'était pas nécessaire, mais comme, à la fin de chaque séance, je lui disais « au revoir », j'ai remplacé un mot par un autre, c'était un « au revoir », mais – dans mon esprit – sans retour. Quand l'un de mes patients me remercie aujourd'hui pour l'aide que je suis supposé lui avoir apportée, je ne refuse pas sa reconnaissance, mais je ne la prends pas pour moi. Ce n'est pas par modestie – la modestie n'est pas mon fort –, mais par réalisme. J'arrive en général à voir en quoi la cure suivie a pu faire bouger, « progresser » tel patient, mais dire en quoi, moi, personnellement, j'ai été utile, c'est une autre paire de manches que je n'ai pas envie d'enfiler. Vous connaissez l'histoire que raconte Janet, le concurrent malchanceux de Freud, et que je vais vous raconter à ma façon, à la fois fidèle et brodée ? L'histoire d'une dame qui revient dire à son thérapeute que, grâce à lui, elle est guérie et qu'elle veut absolument le remercier. Ravi, le théoricien endosse sa gratitude et dépose son merci à la banque des guérisseurs comblés. Le lendemain, rebelote ! La dame est de nouveau là et tient, de nouveau, à remercier – hier, ce n'était pas suffisant – son messie diplômé, qui se dit que, décidément, cette patiente n'est pas une ingrate. Mais le surlendemain, et le lendemain du surlendemain, et tous les autres jours, elle est encore là, avec son merci en bandoulière et ses effusions qui n'en finissent pas. Eh oui, le malheureux thérapeute avait guéri sa patiente en remplaçant le symptôme dont il croyait l'avoir soulagée ! Morale de l'histoire : rosissez de plaisir si vos patients vous remercient, mais aidez-les surtout à larguer les amarres. S'ils deviennent eux-mêmes psychanalystes, ils ne resteront peut-être pas très loin de vous, à l'occasion dans l'association même dont vous êtes membre, mais sans cordages. La reconnaissance, c'est comme l'alcool, il faut commencer tout de suite par ne pas en abuser.

Mais pendant la cure elle-même, le fait d'être reconnu, voire admiré par vos patients, est-il indispensable ?

Le transfert, oui, est nécessaire. Mais ce qu'on découvre justement quand on fait une analyse, c'est à quel point, chaque fois qu'on aime, il y a erreur sur la personne, malentendu. Au tout début de sa découverte, quand Freud se rend compte que ses patients s'attachent à lui, il n'en croit pas ses yeux. Il ne sous-estime pas ses mérites, mais il trouve démesuré l'enthousiasme qu'ils provoquent dans sa clientèle ! Il est tellement épaté par ce phénomène qu'il n'a pas encore identifié comme le transfert, qu'il envoie ses patients trop épris à d'autres thérapeutes, qui, ô surprise, réussissent eux aussi à s'attirer leurs grâces. J'abrège... Freud finira par conclure que le transfert n'est que très secondairement dû aux qualités personnelles du psychanalyste, mais qu'il est un effet de la place que celui-ci occupe. C'est le fameux « sujet supposé savoir » de Lacan. Celui à qui on suppose le savoir, celui-là on l'aime. Ça doit éviter de se trop pousser du col !

Savez-vous à quand remonte votre désir d'exercer votre métier ?

Pas vraiment. Quand je remonte loin dans ma mémoire, je trouve l'envie de ces métiers que les enfants ont souvent : plutôt pompier ou pilote d'avion qu'apothicaire ou huissier. Je ne faisais pas montre d'originalité, sauf quand je disais vouloir devenir danseur à l'Opéra. Je n'aimais pas particulièrement la danse, mais j'imaginais l'Opéra comme un cirque, avec une piste centrale et un orchestre de cuivres... Plus tard, à l'adolescence, lorsque j'ai commencé à penser plus sérieusement à une profession, j'ai été assez vite tenté par le métier d'enseignant. Autour de moi, on me conseillait de devenir avocat, mais je ne me voyais pas suivre le parcours du combattant en droit. Alors, j'ai fait des études de philosophie, ce qui me semblait convenir à ma curiosité, à la fois vive et paresseuse, et j'ai eu la chance d'intégrer Normale Sup – une des chances de ma vie, parce qu'il faut bien que j'avoue avoir milité comme un dératé les deux années précédant le concours.

La médecine vous tentait-elle déjà lorsque vous étiez enfant ?

Non, l'idée de devenir médecin ne m'a jamais effleuré et pourtant – ou plutôt parce que – je suis fils de médecin. Mon père réussissait dans cette profession avec un tel brio que je ne pouvais pas envisager de prendre sa succession, alors même qu'il avait créé un cabinet de radiologie qui allait devenir l'un des plus importants de France, et qu'il aurait pu le « transmettre », à mon frère et à moi. Mais il ne fallait pas que je me risque à entrer en concurrence avec lui sur ce terrain... Aux États-Unis, on dit **avec** humour qu'un psychanalyste, c'est un médecin qui a peur du sang. Moi, comme je ne voulais pas être un médecin qui a peur de son père, j'ai tout de suite passé la médecine par pertes et profits... Je n'y ai pas perdu au change. Grâce à la philosophie, j'ai découvert les livres ! Enfant, je détestais lire, je n'ai commencé à les ouvrir qu'en seconde et, avec plus de conviction encore, en terminale, grâce à mes premiers cours de philo.

À quel moment ce désir de devenir psychanalyste s'est-il imposé à vous ?

Très jeune, j'ai croisé sur mon chemin la psychanalyse, grâce à mon frère, qui l'avait lui-même croisée très tôt. À vingt ans, il était proche de Lacan et épousait peu après sa fille, Judith, dont il était tombé amoureux. Je me souviens avec bonheur des cours que me donnait ma future belle-sœur pour m'aider à préparer le bac – à seize ans, entendre parler de l'inconscient à si bonne source, c'était une aubaine ! Mais même si je citais les grands classiques de la psychanalyse dans mes devoirs, devenir psychanalyste, je n'y pensais pas. C'est venu bien plus tard, quand j'ai moi-même commencé une analyse, au sortir de ce militantisme qui m'avait enflammé des années durant et que j'avais quitté, parce qu'il ne ressemblait plus à ce que j'avais aimé en lui. En réalité, c'est parce que je me suis

Voyage au pays des psys

« retrouvé en l'air », à l'été 1972, que j'ai fini par devenir psychanalyste ! Si, à l'époque, j'avais eu le sentiment de tourner rond, je ne serais pas aujourd'hui interviewé par vous dans ce livre sur les psys...

« Se retrouver en l'air » signifie-t-il aussi que vous aviez besoin de trouver un travail pour gagner votre vie ?

Je ne savais pas quel métier j'avais envie d'exercer, c'est vrai, mais j'étais payé depuis l'âge de vingt ans comme « élève professeur » – pas de problème d'argent, donc –, et je pouvais trouver un poste d'enseignant. J'ai commencé une analyse non pas pour devenir psychanalyste, mais parce que j'allais mal, ça c'était une certitude. Je sentais qu'après avoir passé ma jeunesse à guerroyer les maîtres, il me fallait maintenant essayer de maîtriser un peu ma propre histoire. Un sentiment d'urgence me tenaillait. Ce n'est que quelques années plus tard, alors que j'enseignais déjà à l'université, dans ce même département de psychanalyse où je suis toujours, que j'ai voulu travailler dans une institution intéressant le domaine de la santé mentale. J'ai cherché (étant repéré comme lacanien, plusieurs portes se sont fermées devant moi), et assez vite, j'ai été accueilli par le professeur Lantéri-Laura, à l'hôpital psychiatrique de Saint-Maurice, là même où le marquis de Sade avait été enfermé. J'y suis devenu psychothérapeute – je n'étais pas encore psychanalyste, je ne recevais pas de patients chez moi –, et puis, progressivement, l'idée de passer de l'autre côté du divan a commencé à prendre de la consistance. « Progressivement » n'est pas une façon de parler. Je suis incapable de dater le moment où je me suis dit : « Voilà, c'est maintenant, franchissons le Rubicon ! »

Votre analyse a duré combien de temps ?

Environ huit ans et demi. J'étais encore en analyse lorsque j'ai commencé à recevoir mes premiers patients.

Vous parliez des métiers d'avocat et d'enseignant. Deux métiers de prise de parole, tournés vers l'autre comme la psychanalyse... Y voyez-vous un lien ?

La parole est, en effet, dans ma vie, un fil conducteur. D'ailleurs, plus la prise de parole que le dialogue. J'aurais pu évoquer aussi bien les innombrables meetings et réunions diverses où j'ai parlé dans un micro, tout au long de ma jeunesse... Quand j'étais enfant, mon frère était l'érudit de la famille. Il occupait le terrain de l'intelligence et du sérieux, il me restait celui de l'astuce et de la « tchatche ». J'avais une certaine faconde, j'étais beau parleur, apprenti orateur, et surtout conteur. Toute mon enfance est marquée par les histoires que je racontais à mes petits camarades. Mensonges plus ou moins élaborés, pour une part, mais également contes et légendes que j'inventais. Très tôt, j'ai découvert le pouvoir de la parole. Très tôt, je me suis amusé à inventer à l'infini des personnages, des situations, à jouer du suspense... Lorsque j'avais dix ou onze ans et qu'un copain m'énervait, je commençais à lui raconter une histoire et, au moment le plus crucial, au moment où, suspendu à mes lèvres félonnes, il attendait la fin, je ne la racontais pas, ou du moins pas tout de suite ! Je le laissais en plan, en manque, et j'y prenais un malin plaisir. Bien plus tard, quand mes enfants ont eu à leur tour l'âge des histoires, je passais beaucoup de temps à leur en raconter. Oh ! comme j'aimais, et eux aussi, bien sûr, car ils anticipaient le moment fatidique, comme j'aimais la phrase, la terrible phrase où, l'émotion étant à son comble, tout pouvait arriver : « Il ouvrit lentement la porte... et là, vous n'allez pas le croire, les enfants, et là, derrière la porte, devant ses yeux sidérés, il vit... ce que je vous raconterai demain – bonne nuit ! » Et mes enfants, systématiquement, de me supplier de poursuivre. Mais quand bien même je poursuivais, et que nous apprenions tous ce qu'il y avait derrière la porte (je dis que nous l'apprenions tous, car j'inventais les histoires au fur et à mesure où je les racontais, et je découvrais donc la suite avec eux), quand bien même un premier voile était levé sur le mystère que j'avais créé, un second, quelques minutes après, ne manquait pas de tomber... jusqu'au lendemain soir.

Quelle a été votre évolution personnelle pendant ces huit années de cure psychanalytique ?

Dès les premiers mois, la vérité fut incommode à supporter : l'erreur repose, la vérité agite. La psychanalyse ne m'apparut donc pas câline, et les premiers effets qu'elle provoqua chez moi ne me projetèrent pas du côté de l'exaltation. Lacan n'avait pas tort de décourager ceux qui venaient à lui pour « mieux se connaître » ! Cela ne suffit pas. Il faut que quelque chose cloche et handicape et intrigue pour tenir bon la rampe au fil des séances. Il faut aspirer à ce que change dans son existence quelque chose de crucial pour supporter d'entendre la petite musique que joue son inconscient. J'acquis dès lors la conviction, qui ne m'a pas quitté depuis, que la psychanalyse ne vaut le coup que pour ceux dont la vie est trop chienne, et qui ont des raisons de vouloir – d'un vouloir dont leur souffrance atteste – se repérer par rapport à ce qui les détermine. Mais plus j'avançais dans ma cure, plus j'avais le sentiment d'avancer dans une entreprise qui était mienne. J'avais toujours eu le sentiment de « subir » mes études, jusqu'à mon deuxième bac, en tout cas. Le fait est que j'ai très peu de bons souvenirs de ma scolarité, même si je n'ai jamais redoublé et que la plupart de mes notes n'étaient pas indignes. Mon analyse, pour revenir à elle, n'était donc pas un chemin de roses, il s'agissait de tirer au clair des choses qui n'étaient pas nécessairement réjouissantes, mais c'était mon affaire, et jamais ce ne fut douloureux. Je disais souvent à mes amis que je ne resterais pas très longtemps sur le divan. Je ne m'imaginais pas poursuivre pendant près d'une décennie. J'avais le sentiment que ce que je voulais éclaircir pouvait l'être en deux ou trois ans maximum, ce qui à beaucoup de vos lecteurs semblera déjà très long ! C'est certainement, pour une grande part, parce que j'ai été conduit dans mon analyse à formuler le désir d'être à mon tour analyste que les choses se sont poursuivies plus avant.

Comment avez-vous été amené à le formuler ?

Aller au-delà des miroirs, au-delà des histoires qu'on se raconte à soi-même, se retrouver acteur dans des situations qu'on imaginait n'avoir fait que subir, tout ce que je découvrais dans ma propre analyse m'accrochait à l'expérience analytique en elle-même. Je trouvais dans la cure analytique une pratique qui me semblait sonner juste et dont je me disais, du coup, que je voulais contribuer à ce qu'elle dure. Ce fut un tournant subjectif. Vous savez, contrairement à la médecine, la psychanalyse n'a aucune raison de se croire immortelle... Vu ma date de naissance, je me souviens de m'être dit que, de fait, j'appartenais à la génération qui devait permettre à la découverte freudienne de passer le cap du siècle. 1900-2000 : pari tenu ! Et puis, il y a l'expérience qui a commencé à être la mienne à l'hôpital psychiatrique. La rencontre avec la folie, avec la psychose – je ne suis certainement pas devenu psychanalyste pour ne prendre en analyse que des névrosés.

Avez-vous rencontré des difficultés au début ?

Sylvia Bataille, qui fut l'épouse de Georges Bataille avant de devenir celle de Jacques Lacan, disait souvent : « À l'homme, rien d'impossible. Ce qu'il ne peut pas faire, il le laisse. » Cela convient bien à ma propre philosophie. Je n'ai jamais rencontré d'obstacles insurmontables : lorsqu'il y en avait, je n'essayais pas de les franchir. Mon inconscient doit sans cesse générer des « études de faisabilité », en tout cas je lui fais confiance. Quand je décide de faire quelque chose, c'est en règle générale parce que c'est réalisable. Le jour où je me suis dit que j'allais devenir psychanalyste, c'est que je pouvais y arriver... sans trop de difficultés. Peut-être est-ce aussi pour cette raison que l'idée de devenir médecin ne m'a pas effleuré l'esprit : les études de médecine, je ne me voyais pas les mener à bien. Cela surprend mes amis médecins qui considèrent, eux, que j'ai poursuivi des études plus complexes que les leurs, mais ce n'est pas comme ça que je vois les choses. J'ai passé ma vie à me la simplifier, et ce que mon analyse m'a notamment permis de faire, c'est de me la simplifier davantage. Tout en poursuivant ses études de médecine, mon père, lui, a passé sa jeunesse à travailler dans un restaurant – pas de dimanches, pas de vacances... Quand je compare ma vie à celle qu'il a eue, sans même évoquer l'émigration ou la Résistance, il n'y a pas photo.

Dans votre cas, peut-on vraiment parler de vocation ?

En latin, la *vocatio*, c'est l'action d'appeler... Non, personne ne m'a appelé, aucune voix ne m'a dit, enfant : « Un jour, tu seras psy » ! Je ne me suis jamais dit qu'une divinité s'était penchée sur moi pour inscrire sur mon front le chiffre de ma destinée. Je suis lacanien, mais aussi sartrien : je ne cherche aucune justification à ma présence sur terre, rien ne vient annoncer mon existence avant qu'elle ne soit là... Aucune nécessité extérieure ne me conduisait vers les deux métiers que j'ai choisis, l'enseignement et la psychanalyse. Il y a une logique à tout ça, mais je n'ai pas l'illusion de croire que, « de toute éternité », le petit Gérard deviendrait psy ou prof parce que « c'était écrit ».

La disparition de votre mère et le poids de votre histoire familiale liée à la déportation vous ont-ils influencé malgré tout ?

De ces deux drames, l'un est plus ancien que l'autre, puisque l'extermination de ma famille précède de plusieurs années ma naissance. Comment ai-je réussi néanmoins à être heureux ? Je pourrais me poser la question, mais domine d'abord le souvenir d'une enfance absolument ensoleillée. Dans le même temps, je sentais peser sur mes épaules un poids, dont je savais que rien ne me soulagerait jamais. Il y a toujours eu pour moi cette évidence subjective : quelque chose d'insensé s'est passé « juste avant »... D'insensé et de parfaitement circonscrit. Depuis toujours, les morts sont là, ceux de ma famille, tous les autres. Être juif, pour moi, ce n'était pas prier, aller à la synagogue (j'y suis allé deux ou trois fois en vingt ans) ou faire le shabbat (je ne savais même pas en quoi ça consistait). C'était vivre après « ça », malgré « ça ». Tout petit, je voyais bien que je n'avais pas de cousins, comme mes copains d'école, que je n'avais pas comme eux de grands-parents. Ils partaient en vacances chez « Tata Louise » ou « Mamie Sophie », la géographie de la France, ils l'apprenaient par le biais de leurs implantations familiales. Un jour, on m'a demandé à l'école de citer une ville française de l'Est, j'ai dit : « Brest. » Brest, Strasbourg, Bordeaux ou Varsovie, c'était kif-kif bourricot – je n'y avais personne. Et pourtant, j'étais heureux, je dirais même : heureux sans nuances. Mes parents avaient reconstitué un monde à partir d'eux-mêmes, un monde qui ne souffrait pas le manque et où mon frère et moi pouvions nous épanouir comme si de rien n'était. Et c'est alors que ma mère est morte... J'avais quinze ans, je n'étais plus un gamin, mais j'étais encore jeune. Cet événement totalement imprévisible (ma mère est morte en quelques jours) m'a foudroyé. Mais c'est un fait qu'il ne m'a pas assombri. Il y a peu de jours où, depuis sa disparition, je ne pense pas à elle, cela me peine ou m'amuse ou m'intrigue selon le souvenir, mais cela ne m'effondre pas. Mon père m'a transmis un rapport à la vie qui ne nie pas la mort, bien évidemment, mais qui ne la laisse pas envahir, submerger le monde des vivants. J'ajoute que nous n'avions aucune habitude des cimetières, puisque nous n'y avions aucun mort à aller voir. Je crois que la première fois que je suis entré dans l'un d'entre eux, c'était pour l'enterrement de ma mère. De même, après sa mort, je suis finalement très peu allé sur sa tombe, qui est pourtant située à quelques encablures de mon cabinet. Pendant des années, cependant, je me suis rendu au Père-Lachaise, où elle est enterrée, mais à l'occasion de la cérémonie militante qui y était organisée chaque année, au mur des Fédérés, en souvenir des morts de la Commune. C'était pour moi une façon d'aller dans ce cimetière où reposait ma mère, mais encadré par une pratique collective dont j'avais l'usage. Ce n'est que très récemment, il y a trois ans, que j'ai décidé de conduire mes quatre enfants sur la tombe de ma mère, pressentant sans doute que mon père la rejoindrait bientôt et qu'il leur faudrait donc y venir « de toute façon ». Néanmoins, qu'on se rassure, j'ai ma façon d'honorer les morts, mais, bon, c'est à l'extérieur des cimetières, une façon de se recueillir plus « branchée sur la vie », peut-être.

Est-ce de cette façon, « branchée sur la vie », que vous concevez l'exercice du métier de psychanalyste ?

Oui, parce que la psychanalyse est, par excellence, une pratique de réveil. Je ne crois pas, hélas, qu'elle puisse « réveiller les morts », mais les vivants, elle le peut. Bien qu'on soit le plus souvent allongé sur un divan quand on fait une analyse – ce n'est pas une obligation, le face-à-face peut tout aussi bien convenir –, il ne s'agit pas de

Voyage au pays des psys

s'y détendre, de s'y relaxer. La psychanalyse, c'est la surprise, le sursaut. J'en parle en connaissance de cause, moi qui étais, avant ma cure, un névrosé obsessionnel pour le moins décidé ! Vous savez ce que dit Lacan de l'obsessionnel ? Qu'il fait le mort, qu'il se cadavérise. Essayer de vivre comme un poisson froid, s'empêcher d'aimer ou de s'engager, comme pour rester en permanence disponible... C'est peu dire que la psychanalyse apprend, aux névrosés obsessionnels comme aux autres, que le temps presse. Que jamais, ni à trente ans ni à vingt ans, on a la vie devant soi ! La psychanalyse vous apprend l'urgence, ce qui ne veut pas dire qu'elle vous stresse, mais qu'elle vous conduit à ne pas lambiner sur le chemin de votre désir. Curieusement ou pas, je retrouve là ce qui faisait le socle de mes convictions gauchistes des années 60 et 70 ! Le Parti communiste d'alors disait à l'ouvrier, à l'immigré, à l'étudiant qui se révoltaient : « Pas toi, pas ici, pas maintenant. » Attends que les syndicats négocient ce qui te manque. Attends que l'union de la gauche gagne les élections. Attends que la révolution arrive pour être comblé. Nous, nous étions dans l'immédiateté, fidèles à ce slogan : « Quand c'est insupportable, on ne supporte plus. » Lorsqu'un petit chef se conduisait mal dans une usine, on intervenait contre lui, sans attendre d'être des milliers pour le faire. Ne pas voir plus loin que le bout de son nez n'est pas toujours un défaut. C'est pourquoi les maoïstes dont je me réclamais étaient si différents des trotskistes qui, eux, se situaient sur le long terme. Lutte ouvrière visait le XXIIIe siècle, nous le lendemain matin. J'ai gardé de ces années de révolte une grande ponctualité : je n'aime pas attendre et je m'efforce de n'imposer à personne mon propre retard. Sur plusieurs plans, la psychanalyse m'a fait « changer », mais là, elle m'a conforté dans mon impatience d'origine ! Et ce qu'elle m'a appris, c'est qu'il n'était pas incompatible d'être à la fois prudent, raisonnable, prévoyant, ce à quoi du fin fond de ma névrose j'aspirais, tout en s'activant, tout en vivant l'instant non pas comme si c'était le dernier, mais aussi comme si c'était le premier.

À un moment donné, avez-vous pu exercer votre métier de psychanalyste pour guérir des blessures personnelles ?

Non, et c'est là que se comprend l'utilité de la cure analytique que tout psychanalyste doit avoir suivie pour son propre compte ! Il s'agit tout de même qu'il ait quelque peu tiré au clair son inconscient ; que les cures qu'il dirige résonnent, fassent écho, bien évidemment. Mais pas au-delà. On ne s'analyse pas par patient interposé.

On aurait pu imaginer que vous ayez choisi ce métier de parole en réponse au silence de ceux qui sont morts dans votre famille.

Devenir psychanalyste est un symptôme « post-analytique » parmi d'autres. C'est une façon d'être fidèle à soi-même. Pour être investis comme nous le sommes dans la psychanalyse, il faut que cela s'inscrive dans ce que notre histoire personnelle a de plus singulier. Entre la position du psychanalyste que j'occupe depuis près de trente ans et ma propre histoire, il y a par exemple le goût que j'ai à être... en retrait, disons dans la position du cadet que je suis et qui m'a toujours semblé la meilleure.

Voyage au pays des psys

Vous n'êtes donc pas psychanalyste par hasard ?

Certainement pas, mais pas davantage mes collègues. Tous clochaient à leur façon avant de s'allonger sur un divan, et la logique existe qui va de leur malaise d'hier à leur métier d'aujourd'hui. On voit parfois venir dans notre cabinet un inconnu, qui nous explique : « Écoutez, moi, je vais très bien. J'ai sans doute quelques petits soucis – qui n'en a pas ? –, mais ce qui m'amène vers vous, c'est bien autre chose. Freud me passionne et je voudrais devenir psychanalyste. On m'a dit que pour y arriver, une cure était nécessaire : je me plie à la règle, me voici. » Eh bien, on félicite le postulant pour sa bonne santé, mais si les entretiens préliminaires confirment qu'il n'y a aucune raison, en effet, qu'il « paie de sa personne », on ne peut que lui rétorquer qu'il n'a pas matière à commencer une analyse et qu'il ne deviendra donc pas psychanalyste. Le psychanalyste – j'ajouterai : fort heureusement – a été quelqu'un de bancal. Être psychanalyste implique une formation, un apprentissage, une expérience, mais tout cela n'est rien sans cette mise en jeu de l'histoire chaotique de chacun, qui n'est en rien standard.

Vous considérez-vous encore comme un être « bancal » ?

C'est la question de savoir si, après une analyse que l'on espère avoir menée à son terme, on est devenu... Superman ? Si l'on a encore un inconscient ? Des faiblesses, des failles ? Vous me connaissez un peu, vous connaissez d'autres analystes – regardez-nous ! Dieu merci, nous sommes vivants, donc, oui, bien sûr, bancals. Quand Freud écrit, à la fin de sa vie, que la plupart des psychanalystes n'atteignent pas le degré de normalité auquel ils voudraient que leurs patients arrivent, ce n'est pas une boutade. L'objectif d'une cure n'est pas de marcher droit, de marcher au pas, la psychanalyse ne forme pas un « nouvel homme ». Elle ne change pas l'énoncé de votre fantasme, elle modifie à l'occasion le rapport que vous entretenez avec votre symptôme. C'est ce que j'ai essayé de montrer avec Dominique Miller, dans le livre que nous avions écrit ensemble, *Psychanalyse 6 heures 1/4* : à l'entrée de la cure, le désir était une énigme, sans cause repérable par l'analysant, et le symptôme reprenait cette énigme à son compte. Au terme du processus, le symptôme post-analytique autorise une pratique du désir. Il n'affranchit pas l'analysant de son inconscient, il l'accroche à son désir en en dégageant le style. La psychanalyse met le sujet à l'heure de son symptôme, et l'analyste, favorisant ce rendez-vous, met le symptôme au service du désir et de sa cause.

À votre avis, est-ce un métier que l'on peut exercer toute sa vie ?

Je le constate : nombre de psychanalystes font comme Molière, ils exercent leur métier jusqu'au bout de leurs forces et meurent sur scène ! Tant que je serai sinon frais comme un gardon, du moins assez gaillard pour tenir le choc, j'ai l'intuition, moi-même, que je n'arrêterai pas. Comme professeur à l'université, ma retraite est programmée : je peux aller jusqu'à soixante-sept ans, ce qui est déjà un bail. Mais comme psychanalyste, pas de décrochage en vue ! J'avoue que ça me plaît bien, l'idée d'avoir au moins une activité professionnelle à l'échéance... aléatoire.

Serge Tisseron

« Je suis un psy qui se laisse émouvoir. »

Réputé pour ses travaux sur les secrets de famille et l'influence des images sur l'individu, Serge Tisseron est psychiatre et psychanalyste, docteur en psychologie, mais aussi féru de bande dessinée et de cinéma. Dans l'un de ses ouvrages les plus célèbres, Tintin chez le psychanalyste, *il a découvert l'existence d'un secret familial chez Hergé à partir de la seule lecture des albums de* Tintin, *et cela avant que la biographie de cet auteur soit connue.*

Il me reçoit dans une petite pièce sobre, nichée au deuxième étage d'un immeuble modeste du XIe arrondissement de Paris. Le récit peut commencer. Et pour cet amateur de cinéma, il démarre comme un film de Vittorio De Sica : une famille modeste dans les années 50, un peu à l'étroit dans un petit appartement, un va-et-vient de portes qui claquent, un garçon de cinq ans qui assiste impuissant à des crises de colère et qui, pour se distraire, se plonge dans les bandes dessinées.

Quand je sors, au moment de se dire au revoir, un grand sourire illumine le visage de celui qui se définit comme un homme un peu distant. « Je vais bientôt être papa », me dit-il, heureux...

Isabelle Giordano : Si vous vous mettiez à la place de votre patient, quel regard porteriez-vous sur vous-même, sur le psychanalyste que vous êtes ?

Serge Tisseron : Je crois que je suis un psy qui se laisse émouvoir. Par ce que j'entends, ou par ce que je dis moi-même. Quand mes patients me racontent quelque chose qui me touche, ils peuvent s'en apercevoir. Mais il n'en a pas toujours été ainsi. De ce point de vue, le travail que j'ai fait avec mon second analyste, Didier Anzieu, m'a beaucoup assoupli en me permettant de me réapproprier des émotions que je tenais jusque-là à l'écart. J'avais alors trente-sept ans.

Combien de temps a duré votre première cure ?

Six ans. Mais mon premier analyste était très distant et cela m'incitait à faire de même. Je ne m'en rendais pas compte à l'époque, mais je suis persuadé maintenant que le fait de se laisser émouvoir est très important. C'est une façon d'accepter d'être touché et de toucher. Vous savez qu'en psychanalyse, on ne touche pas au sens physique du terme : on n'embrasse pas, on ne touche pas avec les mains, ni pour caresser ni pour masser. Mais en revanche, je pense qu'une thérapie ou une analyse ne fonctionne bien que lorsqu'il y a, tout de même, la possibilité d'un touchant-touché réciproque. Ce que dit le patient doit pouvoir toucher le thérapeute et ce que dit le thérapeute doit pouvoir toucher le patient. L'exclusion du toucher dans la psychanalyse est en fait aménagée non seulement pour encourager l'expression verbale, mais aussi pour favoriser cette autre forme de touchant-touché qu'est l'émotion. Après cette première cure, j'en ai fait une seconde, et j'ai eu la chance de travailler avec Didier Anzieu. Lui, au contraire de mon premier analyste, se montrait parfois bouleversé en m'écoutant. Au début, je trouvais cela plutôt étrange. Il ne le manifestait pas de façon exhibitionniste. Il faisait en sorte de ne pas trop montrer à quel point il était ému et c'est ça qui était touchant. Ce touchant-touché est fondamental. En permettant de partager les émotions, il permet de partager aussi les représentations, et notamment celles que communiquent les interprétations. Dans *Vérités et mensonges de nos émotions*, j'insiste beaucoup sur l'importance, entre patient et thérapeute, de la conviction d'un territoire partagé. Le touchant-touché émotionnel y participe, et il est en cela un support privilégié du travail d'intériorisation de ce que nous éprouvons, ce que j'appelle l'introjection. Je crois que l'image que les gens peuvent avoir de moi est celle d'un homme un peu froid, assez distant, mais en même temps facile à émouvoir. Voilà, je crois que c'est ça.

Cela a-t-il guidé votre volonté de mieux comprendre le psychisme humain ?

Si je pensais que la seule chose importante c'est de comprendre, je ne ferais pas de la bande dessinée. Le grand problème de l'intelligence, c'est qu'elle dessèche. Le grand problème de la pensée, c'est qu'elle nous transforme en squelette. Il faut mettre de la chair. Comment faire ? Grâce aux images par exemple, aux échanges, à l'intersubjectivité. Le plaisir que je trouve à pratiquer ce métier est dû au fait qu'il s'agit d'une aventure partagée, on construit quelque chose ensemble, entre patient et thérapeute. Ainsi envisagée, la question de l'altruisme ou de l'égoïsme ne se pose plus. Dans une aventure partagée, chacun des deux est censé pouvoir bénéficier de l'échange. Quand je suis allé voir Didier Anzieu, j'ai été étonné par l'une de ses remarques. Il hésitait à me prendre en cure et, face à mon étonnement, il m'a simplement répondu : « Je me demande quels bénéfices je pourrai en avoir. » Cela m'a paru lumineux. « Je pense qu'avec vous, a-t-il fini par dire, je pourrai arriver à mieux comprendre la place des images dans la vie psychique. » Il était prêt à s'engager avec moi, pour moi, mais il voulait aussi que ce soit pour lui. La psychanalyse est une aventure que l'on mène à deux. Beaucoup d'analystes insistent aujourd'hui sur l'importance du contre-transfert. En fait, ce mot est inadéquat parce qu'il laisse supposer qu'il y aurait d'abord le transfert du patient, puis que le psychanalyste ne ferait que répondre par son contre-transfert au transfert du patient. En fait, je préfère pour ma part parler de résonance. Il existe des résonances entre un patient et un analyste, comme il y en a dans la vie courante. Sauf qu'en thérapie, ces résonances vont prendre beaucoup plus d'intensité. Et chacun va travailler autour d'elles. Le patient, bien sûr, mais l'analyste aussi, c'est pour cela qu'il a souvent un « contrôleur », c'est-à-dire qu'il parle avec un autre psychanalyste de ses questions et de ses difficultés.

Après votre première psychanalyse, avez-vous consulté d'autres analystes, à l'occasion de contrôles ?

J'ai fait deux contrôles, puis j'ai débuté mon travail analytique avec Didier Anzieu. J'avais envie de parler de moi et de mes patients. Ce travail a duré dix ans. S'il n'y avait pas mis fin, s'il n'était pas mort, ça aurait peut-être continué longtemps. Parce que j'avais toujours beaucoup de plaisir à le voir, c'est étonnant. C'est une expérience que je souhaite à toutes les personnes qui sont en analyse. Parfois, vous avez votre séance à cinq heures de l'après-midi ; vous avez passé une mauvaise journée, vous vous dites : « Mais qu'est-ce que je vais faire à cette séance ? Quelle horreur, je ferais mieux d'aller boire un café ou d'aller au cinéma »... Vous vous traînez, vous n'êtes pas bien, vous avez le corps qui pèse, vous vous installez et puis vous commencez à parler. Et au fur et à mesure de la séance, ce que vous racontez, ou bien l'intervention de l'analyste, font que lorsque vous en sortez, vous avez le sentiment qu'il est neuf heures du matin, que les petits oiseaux chantent, qu'il fait beau. Vous êtes complètement transformé. C'est ce qui m'est arrivé avec Anzieu, c'est une expérience exceptionnelle.

Cette intervention de l'analyste qui « sauve » la séance peut-elle aussi passer par l'humour, parfois ?

Oui, je crois, mais c'est compliqué. Certains disent que l'humour est très important dans la cure. C'est vrai, mais il peut être très mal compris. À la limite, le seul humour qui marche bien, c'est celui qui est formulé par les patients. En fait, l'humour est un élément parmi d'autres de ce touchant-touché dont je parlais tout à l'heure. Il permet de faire circuler les émotions et d'entretenir le sentiment d'être plongé ensemble dans le même bain. C'est ce qui différencie l'humour de l'ironie. On a tendance à voir l'humour du côté de la performance sémantique, du jeu de mots ou de l'acuité de l'intelligence. Mais l'humour possède un versant bien plus important, c'est le « nous » : le fait de partager ensemble quelque chose, de savoir que l'autre s'amuse de la même idée que soi.

Cela signifie que vous maniez l'humour avec précaution ?

Si vous voulez, la question n'est pas « humour ou pas humour ». Je ne mettrais pas l'humour en avant comme instrument thérapeutique ou comme levier d'une cure. Mais sa place va de soi quand on est engagé ensemble dans un travail de co-construction. Quand on est « avec » quelqu'un, des choses qui ne seraient pas du tout amusantes si on n'était pas ensemble deviennent amusantes. Il ne faut surtout pas que l'humour soit vécu comme une agression : « Ce psychanalyste qui ne dit rien et qui prétend tout d'un coup faire de l'esprit, il n'est pas rigolo quand il veut plaisanter. » Effectivement, parce que si le psychanalyste est perçu comme extérieur, il n'est jamais rigolo quand il veut plaisanter. S'il est perçu comme proche, comme touchant-touché dans la relation émotionnelle, il peut dire parfois un truc un peu banal mais qui peut faire rire les deux parties.

Puisque nous parlons des patients, faites-vous quelque chose de particulier avant de les recevoir ?

Non. C'est drôle, votre question. Non... Vous pensiez que j'irais peut-être brûler un cierge, caresser la peluche de Freud ? Faire un dernier baiser à ma femme comme avant de partir en voyage ?

Non... je pensais peut-être que vous vous remettiez en mémoire ce que le patient vous avait dit la semaine précédente, ou bien que vous revoyiez vos notes...

Non. Car vous êtes dans un état d'écoute, et tout cela vient naturellement. Vous savez, beaucoup de psychanalystes l'ont dit avant moi : moins on a d'idées a priori, plus on est disponible. Comme ces patients qui vous disent un jour : « Aujourd'hui, je n'ai pas préparé ma séance » ; on s'aperçoit alors qu'ils avaient préparé toutes les séances précédentes ! Et évidemment, celle qu'ils n'avaient pas préparée est plus intéressante que les autres. C'est la même chose pour le thérapeute ! Winnicott disait qu'il fallait, à chaque séance, accueillir son patient comme s'il venait pour la première fois. C'est important de pouvoir se laisser surprendre, et d'essayer de surprendre un patient, en se mettant là où il ne nous attend pas. Sinon, très vite, un ronron s'installe des deux côtés et le patient se fait une fausse représentation de son analyste et l'analyste de son patient. Dans *Psychanalyse de l'image*, je dis que l'analyste peut parfois employer des formules un peu convenues, banales et même très banales, parce que ça montre au patient qu'il n'est pas cette personne absolument idéalisée et toujours au-dessus de tout. L'analyste est aussi quelqu'un qui participe de la culture commune, c'est-à-dire des choses partagées.

Et vous, parlez-vous pendant les séances ?

Tout se fait. Il y a des séances où je parle beaucoup et d'autres où je ne parle pas du tout. Parfois, cela me frappe, je me dis : « Tiens, aujourd'hui je ne dis rien, alors que la fois dernière j'ai beaucoup parlé », et cela m'étonne moi-même. Mais la question n'est pas : « Est-ce que je vais parler aujourd'hui ? » Winnicott avait une belle formule : toujours dire quelque chose aux patients pour montrer que l'on n'a pas compris. Parce que quand on ne dit rien de rien, on peut donner l'impression au patient qu'on comprend tout.

Avez-vous une méthode qui vous est propre ?

Oui, j'ai parlé dans plusieurs articles de ma façon de travailler. J'utilise des images dans la reformulation de certaines choses, parfois abstraites pour les patients ; des images verbales, des proverbes, des lieux communs, de façon à remettre de la chair, de l'émotion et de la proximité. On ne reformule jamais seulement pour rendre les choses plus claires, plutôt pour montrer au patient qu'il n'est pas tout seul dans ce qu'il éprouve. Ce qu'apprend l'âge, dans ce métier, comme pour les artisans d'ailleurs, c'est que chacun se fabrique ses propres recettes, mais qu'en même temps elles évoluent toute la vie. Le plus difficile, c'est quand vous commencez : vous avez tendance à faire avec vos patients comme votre analyste a fait avec vous. Ça marcherait si votre patient, c'était vous, mais comme ce n'est pas le cas, ça ne marche pas, et à partir de là, on se met à « bricoler ». Et puis surtout, ce qui est intéressant, c'est qu'on apprend autant à se taire qu'à parler. Parce que quand on est un jeune analyste, on a tendance soit à trop parler, soit à trop se taire, et dans les deux cas, c'est parce qu'on est angoissé. À mon avis, il y a des analystes qui s'enferment complètement dans le silence parce qu'ils ont commencé à ne pas parler et qu'ils craignent de dire une chose mal comprise, et que ce soit catastrophique si le patient comprend de travers et n'ose rien dire, par peur que son analyste ne lui parle plus.

Et êtes-vous un adepte des notes ?

Quand j'étais jeune, oui, mais maintenant je n'en prends plus. En règle générale, après une séance, je ne me souviens de rien. C'est au cours des séances suivantes que mes souvenirs reviennent, sur ce qui s'est passé, même plusieurs mois auparavant. Quand quelque chose me touche, je m'en souviens inconsciemment. C'est ainsi que je me suis aperçu que j'avais une mémoire excellente par certains côtés, et très mauvaise par d'autres. J'ai une mémoire affective.

Pensez-vous encore à vos patients après les séances ?

Ah oui ! Parfois j'y pense même au cinéma, ou en lisant un livre. J'y pense beaucoup.

Vous arrive-t-il d'en parler avec votre épouse ?

Oui. Elle est psychiatre, alors nous en parlons parfois. Mes patients, je vis avec eux. Quand ils vont mal, j'y pense peut-être un peu plus. Quand ils vont bien, j'y pense peut-être un peu moins, mais j'y pense.

C'est étonnant de dire « Je vis avec eux »...

Oui, si vous voulez. Quand je dis que j'y pense, je veux dire que je ne fuis pas ces pensées, sans les appeler non

Voyage au pays des psys

plus. Ce n'est pas que j'y pense à chaque minute, mais il peut m'arriver d'y penser à un moment ou à un autre. C'est imprévisible, en voiture, au cinéma, en regardant la télévision. Cela fait partie de ma vie. C'est d'ailleurs ce que m'avait dit l'un de mes contrôleurs, Pierre Fédida : « Vos patients font partie de votre vie. » J'ajouterai que les patients nous font aussi découvrir des choses auxquelles on n'aurait pas spécialement pensé ; il y a des patients qui vous parlent de films que vous avez envie d'aller voir au cinéma ; il y en a qui vous parlent de romans et vous donnent envie de les lire ; il y en a qui vous racontent des histoires de leur enfance et, tout d'un coup, vous vous dites : « Bon sang ! J'ai eu la même ! J'avais oublié ! » Tout ce que les patients éveillent comme curiosité, comme centres d'intérêt, par exemple avec leurs métiers – parfois je suis particulièrement intrigué par leurs métiers –, eh bien tout ça vit en moi dans ma journée et parfois dans la nuit, car il peut même m'arriver d'en rêver. Pour moi, ce serait impensable de cesser de penser à ce qu'ils me racontent. C'est comme si, en sortant d'un film, je décidais de ne plus penser à ce film : ce serait pour moi tout aussi absurde.

Comment vivez-vous au quotidien ces relations avec vos patients ?

Il y a souvent une vision un peu tragique du métier de psychanalyste qui consiste à dire qu'il rouvrirait constamment ses plaies avec ses patients. Mon Dieu, c'est horrible de dire des choses comme ça ! C'est à dégoûter quiconque de faire ce métier ! Mieux vaut dire que, dans son métier, le psychanalyste risque d'être confronté à nouveau à des choses nouées à l'intérieur de lui. Régulièrement, dans le tête-à-tête avec le patient, il est invité à les dénouer. À force de dénouer et de renouer ces nœuds, chacun sait, comme les marins, qu'on le fait de mieux en mieux et de plus en plus vite. Mais cette idée de plaie qu'on rouvrirait et qu'on ferait saigner, c'est affreux ! J'ai entendu cela de nombreuses fois. Je préfère dire qu'un psychanalyste est confronté, avec un patient, à des choses qu'il a pu dénouer et à d'autres qu'il n'a pas encore pu forcément dénouer à l'intérieur de lui. En tout cas, il est chaque fois encouragé à le faire et de mieux en mieux. Cela se résume avec cette formule somme toute assez banale : un bon analyste continue son analyse avec ses patients. On peut aussi continuer son analyse en écrivant, ou en faisant des bandes dessinées, du théâtre, de la peinture... L'important est de le faire en mobilisant la parole, de quelque manière que ce soit. C'est une façon de continuer à progresser dans la compréhension que l'on a de soi-même. Et puis, dénouer ces liens, cela rend tout de même la vie plus agréable, plus paisible. Hergé l'a fait en dessinant. C'est un exemple que j'ai étudié lorsque j'étais jeune analyste ; je me suis aperçu que Hergé avait démarré une thérapie, puis l'avait stoppée très vite. Il a ensuite résolu l'essentiel de ses drames intérieurs à travers le dessin. Cette idée-là est très forte pour moi. Il n'y a pas qu'une analyse qui permette de dénouer, et c'est très bien ainsi.

Dans quel état d'esprit terminez-vous votre journée de travail ?

Cela dépend, car j'ai de multiples activités. J'enseigne, j'écris, je fais du dessin, des conférences... Avec mes patients, il m'arrive d'être satisfait de mon travail, mais il m'arrive aussi d'être préoccupé, pour ne pas être intervenu de la bonne façon, ou au bon moment. Cependant, je reconnais qu'avec les années, je pratique ce métier de façon plus apaisée et efficace. Plus jeune, j'entendais des gens dire qu'il fallait une grande expérience pour être un bon analyste ; à l'époque je trouvais ça un peu prétentieux, comme s'il y avait une prime à la vieillesse... Aujourd'hui, je suis bien obligé de reconnaître qu'au fur et à mesure, on acquiert de l'entraînement. Un peu comme un artisan qui, en peu de gestes, parvient à réaliser des choses formidables. Un bon analyste est en fait un artisan, et non pas un artiste, qui doit à chaque fois réaliser un nouveau chef-d'œuvre. Un artisan qui aime faire du bon travail.

Justement, comment faites-vous avec les patients pour lesquels ça ne « fonctionne » pas ?

Tout d'abord, c'est le bénéfice de l'âge, il arrive un moment où l'on choisit mieux ses patients ; en fonction notamment de ce que l'on se sent capable de faire pour eux. Quand j'étais jeune psychiatre, j'ai eu des patients pour lesquels j'étais extrêmement angoissé, avec lesquels j'ai fait des erreurs. Je me souviens d'un cas en particulier, un patient déprimé. À l'époque, j'avais été formé en psychiatrie par des maîtres qui appliquaient le raisonnement de Freud – notamment dans *Deuil et mélancolie* – selon lequel la dépression est une agressivité éprouvée à l'origine contre autrui, que l'on retourne contre soi. J'avais donc potassé *Deuil et mélancolie* et appris qu'il fallait travailler cette agressivité inconsciente. Cet homme éprouvait beaucoup de haine vis-à-vis de sa mère, mais il se la cachait et la retournait contre lui-même. J'ai voulu travailler cette haine. Il en a pris conscience, mais ne l'a pas supporté. Plus tard, j'ai appris qu'il s'était suicidé. C'est le seul suicide que j'aie connu dans toute ma carrière, alors que j'étais encore un jeune psychiatre. Ce suicide n'était peut-être pas lié uniquement à mon travail avec lui, mais il m'a beaucoup marqué.

Quel choc !

Oui, c'était terrible ! Il ne s'est pas suicidé tout de suite. Il a d'abord disparu, puis ce n'est que quelques mois après qu'il est passé à l'acte. Dans les mois qui ont suivi, je me suis intéressé à d'autres approches du deuil, à d'autres travaux que ceux de Freud. C'est là que j'ai découvert le texte de Maria Torok sur le fantasme du cadavre exquis, et c'est là que j'ai commencé à m'intéresser à l'œuvre de Nicolas Abraham et Maria Torok. Leur thèse consiste, face à un patient déprimé, à ne jamais travailler la haine pour l'objet perdu, mais au contraire à s'intéresser à la souffrance et à la séparation. J'ai alors compris ce que j'aurais dû faire. Je ne sais pas si ça aurait empêché ce patient de se suicider, mais en tout cas, je travaille maintenant différemment.

Ce cas terrible ne vous a-t-il pas donné envie d'arrêter ?

J'ai souvent pensé arrêter, mais plutôt face à des difficultés qui me paraissaient trop lourdes, insurmontables, que par rapport à des échecs. Mais sans plus de conséquences. Un peu comme lorsqu'on a envie de divorcer, parce que certaines choses sont difficiles à vivre, mais ce n'est pas pour autant qu'on va mettre la procédure en route dès le lendemain...

Qu'entendez-vous par des « difficultés trop lourdes » ? Est-ce un aveu d'impuissance ?

Je pense à des patients très difficiles. Si la psychanalyse est parfois impuissante, c'est devant la façon dont certains patients sont amoureux de leurs symptômes – un thème que j'aborde dans *Comment Hitchcock m'a guéri* et qui est insuffisamment exploré. Parce qu'il faut toujours le répéter : quand un patient vient voir un thérapeute, que celui-ci soit cognitiviste, comportementaliste ou psychanalyste, il a toujours deux désirs à la fois, celui de changer et celui de ne pas changer. Ce n'est pas parce que le patient met en avant le désir de changer fortement que ce désir est le seul sentiment à l'habiter. Ces patients peuvent ensuite tenir le thérapeute par un chantage implicite : « Vous m'avez promis que je changerai, eh bien, maintenant faites-moi changer. » Il y en a comme ça qui, pendant des années, tiennent leur thérapeute en échec. Ces patients-là, maintenant, j'arrive à les repérer et je ne fais pas l'erreur de m'engager avec eux.

Beaucoup de gens – malheureusement il y en a davantage qu'on ne croit – sont en effet amoureux de leurs symptômes. Ils vont voir un thérapeute, mais en même temps n'ont pas vraiment envie d'être soulagés. Il m'est arrivé de me dire, face à certains d'entre eux, que ce n'était plus possible, car cela bouffait ma vie. Avec des cas très douloureux, des patients qui hurlent leur souffrance mais n'ont pas vraiment le désir de changer, je me suis déjà dit : « Quelle folie ce métier ! » Vous vous levez le matin, il fait beau, vous êtes content, vous prenez votre café, vous pouvez lire un roman, écrire, vous allez vous promener, les filles sont jolies dans la rue... Et puis vous débutez vos consultations, et là, il y a une fille qui s'assied devant vous et qui se met à pleurer, à hurler sa souffrance, à dire des choses abominables. Ça peut vous gâcher la journée (*rires*) !

Parfois, je me dis qu'il faut être un peu maso ! On fait une analyse pour commencer à aller mieux. On devient analyste pour continuer à aller mieux, et pour continuer son analyse. Et puis il y a un troisième temps, où je pense qu'on doit se dire – et je me le suis dit : « Si je continue à être analyste, ce n'est plus pour aller mieux, c'est par masochisme. » Je vais assez bien pour mon propre compte et continuer à m'occuper de gens dans une telle souffrance n'est pas une façon d'aller encore mieux, c'est une façon de ruiner le bien que j'ai obtenu à force de travail. Donc, il y a un troisième moment où l'on se dit que l'on va arrêter. Et puis il y a un quatrième moment – je pense que j'ai le bonheur d'y arriver – où l'on parvient à mieux choisir ses patients. On réussit à travailler de façon plus intelligente, plus économique, plus créative, plus subtile, et à nouveau on voit l'intérêt de faire ce travail.

Et puis surtout, on apprend à dissuader les gens de se faire du mal. Parce qu'être un bon analyste, ce n'est pas seulement permettre aux gens de creuser certaines choses, c'est aussi faire en sorte qu'ils n'aillent pas fouiller à certains endroits. Or, quand on est un jeune analyste, on est prêt à suivre les patients partout où ils creusent. Il ne faut surtout pas. Parfois c'est sans fin, et le risque est de ne jamais en sortir. Alors il faut les dissuader d'aller creuser là où ils risqueraient de tomber dans un gouffre et trouver avec eux une issue positive à leur souffrance. Je crois que je suis maintenant dans cette quatrième phase. Mais la troisième, je l'ai vécue il y a une dizaine d'années. Je me suis dit : « Je suis devenu analyste pour aller mieux et ça a porté ses fruits ; en étant analyste, j'ai pu continuer ma cure personnelle, mon travail intérieur. Mais continuer maintenant avec des patients aussi lourds serait aller contre ma propre santé mentale. » Je le constate chez certains de mes amis psychanalystes qui sont devenus amers. Et je le comprends. Parce que c'est un travail qui demande énormément.

La reconnaissance permet-elle d'évacuer les effets pervers, de panser ses blessures ?

Lorsque l'on a la chance de publier, on a une petite reconnaissance sociale, mais beaucoup d'analystes font un travail formidable et n'ont pas le temps d'écrire. Si un pompier prend des risques considérables pour éteindre un incendie, il va recevoir une médaille. Si un psychanalyste prend des risques psychiques considérables pour faire en sorte qu'un patient aille mieux, personne ne viendra jamais lui proposer une médaille... C'est un travail très difficile, pour lequel la reconnaissance n'est pas toujours à la hauteur. En plus, quand les patients vont bien – et s'ils vont vraiment bien –, ils n'ont pas envie de revenir tous les trois mois pour vous le dire. Ils mènent leur vie, et c'est bien normal. Éventuellement, vous avez droit à une carte postale au Jour de l'an... dans le meilleur des cas. Heureusement, j'ai l'impression d'avoir échappé à l'amertume. Cela suppose, je crois, d'avoir des activités diversifiées, et d'être plutôt exigeant dans le choix de ses patients. Ce qui ne veut pas dire que je refuse les cas lourds : j'accepte ceux pour lesquels je pense pouvoir être utile. Si vous voulez, il faut quand même prendre un peu le temps de vivre... On peut décider de consacrer sa vie aux autres, mais il ne faut pas confondre ce métier avec les tâches humanitaires. À la différence de l'humanitaire, où il y a souvent une forme de reconnaissance sociale et un travail d'équipe, la psychanalyse est une discipline abominablement solitaire.

Vous pourriez travailler dans l'humanitaire ?

Il faudrait voir ce qu'on appelle l'humanitaire. L'étymologie renvoie à l'amour de l'humanité. C'est séduisant dans un premier temps. Et on peut se dire que la psychanalyse a un peu à voir avec ça. Mais, en réalité, la psychanalyse est moins un métier qu'on pratique pour les autres qu'un métier qu'on pratique avec son intimité psychique. C'est pourquoi, pour moi, il est important de ne pas exercer ce métier à temps plein. Avoir diverses activités dans sa semaine, dont celle de thérapeute, pour moi, c'est l'idéal. Cela donne une meilleure disponibilité d'esprit. La psychanalyse est une méthode de recherche puisque certains analystes ont découvert des choses importantes sur le fonctionnement psychique. C'est aussi une méthode thérapeutique dont le but est de permettre aux gens d'aller mieux. Et c'est aussi un métier. Mais pas un métier comme les autres, parce qu'à chaque fois vous êtes confronté à l'intimité psychique d'un être humain, et par contrecoup à la vôtre.

Voyage au pays des psys

Quelle est la plus grande différence entre l'analyste que vous étiez à vos débuts, à trente ans, et celui que vous êtes aujourd'hui ?

Je crois que je suis beaucoup moins inquiet. Moins inquiet de ce qui peut arriver aux patients : j'ai acquis plus de confiance dans ce que je peux faire pour eux, et surtout plus de confiance dans ce qu'ils peuvent faire pour eux-mêmes ! Les gens sont capables de beaucoup pour eux, parfois on ne s'en rend pas compte. L'interprétation tient peu de place dans mon travail. Souvent, cela me stupéfie toujours, les bonnes interprétations sont celles que les patients se font à eux-mêmes. Il faut simplement être là pour leur en confirmer la pertinence. Plus que par le passé, je m'emploie à repérer les bonnes interprétations que les gens peuvent se faire à eux-mêmes afin qu'ils puissent s'appuyer dessus. Quand on est un jeune psychanalyste, on a souvent tendance à vouloir tout comprendre avant le patient. Le travail de l'analyste ne consiste pas à disséquer l'inconscient de quelqu'un, à en trouver le problème pour ensuite le mettre à nu afin que le patient puisse profiter de ce dévoilement. Cela ne marche jamais. Ce qui est important, c'est de repérer les constructions efficaces sur lesquelles le patient peut réorganiser sa vie, les lui confirmer et faire en sorte que cela devienne des points de départ autour desquels on peut travailler ensemble.

Lorsque vous parvenez à repérer et mettre en place un système d'échange efficace avec le patient, cela vous procure-t-il une satisfaction narcissique ?

Oui. J'éprouve une satisfaction narcissique, du plaisir, du bonheur même. Il y a un peu de tout cela. Il peut même y avoir la joie de comprendre enfin quelque chose autour duquel on tournait depuis longtemps. Lorsqu'on trouve, c'est joyeux. Le plaisir, c'est plutôt le fait de voir quelqu'un heureux, alors qu'il allait mal trois ans auparavant. Et le bonheur, c'est peut-être de se dire qu'on a fait le choix d'un métier vraiment humain. Il n'y en a pas tant...

Vous êtes connu pour vos travaux consacrés à l'importance des images et votre passion pour les bandes dessinées, un intérêt que vous avez développé dès votre jeunesse. Quel genre d'enfant étiez-vous ?

Tout d'abord, je dois raconter l'un des événements les plus importants dans ma vie, lié à ma naissance (je suis né en 1948). J'ai eu une venue au monde très difficile. Je présentais plusieurs déviations de la colonne vertébrale et une décalcification osseuse importante. Dès mon plus jeune âge, j'ai été surprotégé. On craignait que je me casse facilement des os si je bougeais trop. J'ai compris maintenant que c'était un fantasme de mon entourage et que le risque n'était pas si grand, mais j'ai grandi dans cette angoisse. En outre, mes années d'enfance ont été marquées par des heures et des heures de rééducation, comme on la pratiquait à l'époque, c'est-à-dire assez agressive avec des élongations douloureuses. Tout cela a contribué à faire de moi un enfant aux activités d'intérieur. Je lisais énormément de bandes dessinées, je pouvais y rester plongé des heures. Mon frère – mon aîné de quatre ans – en lisait aussi beaucoup. Puis la télévision est arrivée dans notre foyer, au début des années 50, j'avais cinq ans. Là encore, ce fut une révélation quant à la fascination que suscitent les images. Avoir la télé chez soi était encore inhabituel à cette époque, mais mon grand-père paternel avait un modeste commerce de radios, puis de téléviseurs, et nous avons été parmi les premiers à posséder un poste. Je passais deux ou trois heures par jour devant la télé, ce qui était considérable pour l'époque !

Un comble pour vous, qui êtes connu aujourd'hui pour vos travaux sur l'impact et les dangers de la télévision...

Oui ! J'ai le souvenir de dimanches entiers passés à regarder la télévision. À l'époque, personne ne se souciait d'en limiter la consommation. En fait, toutes les images m'attiraient : en dehors des bandes dessinées que je dévorais, je pratiquais aussi le dessin pour rivaliser avec mon frère, excellent en la matière. Cela me stimulait, comme la pâte à modeler que j'adorais. Je fabriquais de petits bonshommes et j'imaginais des scénarios compliqués que je me racontais à moi-même.

Le dessin, la pâte à modeler, la télé... une enfance, somme toute, tranquille ?

Nous habitions dans un appartement minuscule, situé sous les toits, où nous cohabitions avec deux dames qui s'occupaient parfois de moi – on les appelait « les dames Valla ». Elles m'enseignaient le catéchisme. Quelques années plus tard, mes parents ont déménagé pour s'installer dans l'appartement voisin, un deux pièces-cuisine. Toute la famille vivait dans le même immeuble. Quand ça n'allait pas chez mes parents, j'allais chez mes grands-

parents, et quand ça n'allait pas chez eux, je passais chez
« les dames Valla ». Elles m'ont beaucoup aidé et valorisé. Je leur dois la construction d'une identité positive,
forte. De mes multiples allers et retours, j'ai aussi gardé
l'idée de pouvoir passer d'un lieu à un autre et d'en tirer
bénéfice. Par exemple, quand ça ne va pas dans l'écriture,
je passe à la bande dessinée. Quand ça ne va pas dans la
BD, je passe à autre chose. J'ai ainsi développé l'idée
d'avoir des centres d'intérêt parallèles. En outre, « les
dames Valla » me voyaient plutôt comme un enfant travailleur, studieux, appliqué, alors que mes parents me voyaient
plutôt comme un garçon fragile et maniaque, qui passait
trop de temps à vouloir toujours tenir ses cahiers bien propres. Ce qui était critiqué d'un côté était valorisé de l'autre.
Ça donne une vision du monde assez tolérante !

Diriez-vous que vous étiez un enfant introverti ?

Non, pas vraiment. Il y eut même une époque où j'étais
extraverti, j'allais vers les gens. Puis j'ai connu un certain
nombre de déceptions et de chocs qui m'ont amené à me
replier sur moi-même. J'ai mis longtemps à me définir,
c'est l'intérêt d'une analyse de se donner le temps. Je
pense que, tout petit, j'étais plutôt entreprenant, dynamique, puis j'ai changé, probablement à la suite d'échecs
relationnels... Ensuite, il a fallu longtemps pour que je
retrouve mon dynamisme.

Quel rôle a joué cette longue rééducation que vous évoquez, et est-ce que cela a modifié votre caractère ?

Oui, ça a énormément joué. J'ai commencé à faire de
la rééducation vers l'âge de quatre-cinq ans. J'ai donc

grandi dans la conviction d'avoir un handicap grave. En fait, dans la réalité, mon handicap n'a rien de dramatique, j'ai des séquelles, mais je vis avec. En revanche, j'ai longtemps vécu avec l'idée que jamais je n'aurais de succès auprès des femmes, parce que j'étais tordu, avec ma colonne vertébrale déviée dans tous les sens. Je ne pouvais avoir aucune activité sportive non plus, j'étais assez chétif. J'étais persuadé que je mourrais jeune à cause de cela. Donc, si vous voulez, je me suis construit toute une représentation de mon existence dans laquelle je me vivais comme handicapé et précocement condamné. Évidemment, c'était une idée que je me faisais des choses, probablement en lien avec ma rééducation, qui était bien plus violente que celle qu'on pratique aujourd'hui. Je ne dirais pas que c'était de la torture, mais ça y ressemblait ! J'en pleurais. On mettait les gens sur des machines en bois et on tirait des deux côtés, ce qui paraît un peu barbare maintenant.

Au cours de vos différentes psychanalyses, avez-vous pu clairement identifier le lien entre cette perception dramatique de vous-même et votre désir de devenir psychanalyste ?

Il m'a semblé que mon désir de devenir analyste était plutôt en rapport avec la souffrance psychique de mes parents qu'avec ma propre souffrance physique. Mais c'est vrai que ce rapport compliqué à mon propre corps m'a amené à idéaliser les pouvoirs du psychisme. Peut-être vais-je y repenser après que vous serez partie d'ici (*rires*).

Serge Tisseron

Malgré tout, on peut penser que cela a été pour vous une première approche de la médecine, avec l'idée peut-être de réparer des choses ?

Je dois dire que, très tôt, j'ai eu comme un compte à régler avec les médecins. Je fus un objet docile entre les mains des kinésithérapeutes, mais je rêvais de me venger en reprenant l'initiative. Être non pas celui qui était soumis à des prescriptions, mais celui qui aurait le pouvoir de prescrire. Donc, oui, probablement, cela a beaucoup joué dans mon envie de devenir médecin.

Cela aurait pu aussi vous rebuter ?

Oui, mais par ailleurs, le métier de médecin était incroyablement idéalisé dans ma famille. Je viens d'une famille modeste, mon père était un simple employé. La médecine était omniprésente chez nous durant toute mon enfance : j'étais souvent malade, d'autant plus malade qu'on me couvait beaucoup. Dès qu'un germe passait, je l'attrapais et le médecin venait ! C'est le cercle vicieux qui veut qu'un enfant considéré comme fragile est surprotégé, et qu'il en devient hyper-fragilisé. Du coup, je passais une partie de l'hiver en étant malade et ma mère en étant heureuse d'être toujours proche de moi. Tout le monde y trouvait son compte. J'étais confirmé dans l'idée que j'étais définitivement fragile et le système fonctionnait bien ainsi.

Cet enfant-là était-il heureux ?

Oui et non. J'avais un potentiel joyeux, mais il ne m'est apparu qu'à l'adolescence. Petit, je souffrais de la solitude, d'autant plus que mes parents vivaient repliés sur eux-mêmes. Mon père était phobique, il n'aimait pas sortir. Ma mère, avec ses qualités et ses défauts, voulait me garder toujours près d'elle. Ce n'est que bien plus tard que j'ai découvert qu'il pouvait y avoir une vie très agréable à l'extérieur.

Vos parents ont-ils été inquiets de vous voir vous éloigner ?

Ma grand-mère disait toujours à mes parents : « Vous savez, les enfants ne doivent pas faire trop d'études. Quand ils font trop d'études, ils ont honte de leurs parents. » Voilà une phrase que j'ai beaucoup entendue quand j'étais enfant. Mon père racontait aussi l'anecdote de son chef de bureau dont le fils avait fait une grande école, et qui après ne voulait plus adresser la parole à son propre père. Mais malgré tous leurs doutes et préjugés, mes parents m'ont laissé faire mes études.

Dans ce cadre familial particulier, comment avez-vous abordé votre adolescence ?

De cette maladie vertébrale, il m'est resté une certaine raideur physique, et longtemps psychique. À l'adolescence, j'ai surtout eu beaucoup de difficultés pour faire accepter à mes parents l'idée de me laisser prendre un peu le large. Cela faisait beaucoup pour un jeune homme : je me sentais handicapé, vivant toujours dans l'inquiétude d'être rejeté et, de surcroît, culpabilisé dès que je m'éloignais de mes parents ! J'avais l'impression d'être condamné à la solitude. J'ai adopté à l'adolescence une attitude studieuse. Je me suis investi dans le travail, avec en tête une image, celle d'« engranger ». J'avais l'intuition que j'accumulais ainsi des choses utiles pour l'avenir, sans faire de peine à mes parents en m'éloignant trop vite d'eux. Ensuite, lorsque je les ai quittés pour étudier à Lyon, au lycée du Parc, j'ai multiplié les activités militantes pour me socialiser.

C'est à cette époque, lors de votre émancipation, qu'est apparue votre ambition professionnelle ?

J'ai toujours eu une vision à court terme des choses. C'est de famille. Personne ne m'a jamais préparé à l'idée d'avoir un projet de carrière, j'étais donc bien incapable d'en faire. J'ai commencé mes études sans avoir de réelle représentation du métier de psychiatre. Et comme j'ai toujours pensé que j'allais mourir jeune, je me suis efforcé de faire les choses très vite. Adolescent, j'ai eu un choc à la lecture du livre de Freud, *Cinq psychanalyses*. J'ai alors découvert que je pouvais être bouleversé par des récits qui résonnaient avec mes pensées intimes. J'ai pensé que, pour me protéger, il valait mieux que je me familiarise avec elles. C'est ainsi que, petit à petit, j'ai commencé à m'intéresser à la psychanalyse, c'est-à-dire à ce qu'elle me permettait de découvrir de moi-même.

Quelles images fortes gardez-vous de vos parents ?

Le meilleur souvenir avec mon père, c'est une histoire de petite souris. Quand je perdais une dent de lait, on me disait bien sûr que la petite souris allait m'apporter quelque chose. Une nuit, j'ai décidé de ne pas dormir pour voir la petite souris. Et j'ai vu mon père qui venait tout doucement glisser un petit livre de bandes dessinées sous mon oreiller. J'ai donc découvert que la petite sou-

Voyage au pays des psys

ris, c'était mon père. Un choc ! Pas seulement d'apprendre que la petite souris n'existait pas, mais surtout un choc emblématique qui m'a montré jusqu'à quel point allait l'affection que me portait mon père. Lui qui était un homme pudique et réservé, montrait dans ce geste significatif – ces bandes dessinées que nous aimions tant – la grande affection qu'il avait pour mon frère et moi. Aujourd'hui, mon intérêt pour la bande dessinée est une façon de cultiver un peu ce souvenir.

Un père très pudique, une mère très – voire trop – aimante... peut-on détailler les relations que vous aviez avec vos parents ?

Peu de caresses ou de câlins, il y avait beaucoup de distance. Ma mère faisait aussi parfois des crises de colère impressionnantes pour le jeune garçon que j'étais. Mais il y a un souvenir que je garde d'elle en particulier. Il n'est pas visuel comme celui de mon père. Lorsque j'ai commencé à faire des études médicales, ma mère s'est mise à faire des ménages. Pour financer mes études. C'est quelque chose qui m'a profondément marqué. Pas sur le moment, mais après coup. Le fait que ma mère se mette à faire des ménages, et notamment chez des médecins, pour payer mes études, cela m'a bouleversé. Comme un sacrifice. Le rêve de réussite pour leurs enfants était très fort chez mes parents.

En vous entendant parler de la personnalité de votre mère, on imagine qu'elle a peut-être joué un rôle dans votre vocation ?

Depuis mon plus jeune âge, j'ai eu à l'esprit que ma mère souffrait et que ce serait formidable de parvenir à la soulager. D'ailleurs, quand j'ai travaillé sur les secrets de famille dans mon premier ouvrage, *Tintin chez le psychanalyste*, je lui ai téléphoné pour essayer de parler du secret familial qui pesait sur elle. La souffrance de ma mère a toujours été en filigrane derrière ma propre souffrance. Je pourrais dire que je n'avais pas réussi à la soulager en étant enfant et que j'y suis un peu arrivé plus tard en étant psychanalyste. Oui, on pourrait dire ça. J'ai réussi plus tard, parce que j'ai trouvé les mots pour parler de ce qui la faisait souffrir, que je les ai écrits dans des livres qu'elle a lus et dont j'ai ensuite parlé avec elle. Je ne l'ai pas guérie, mais je crois que j'ai pu contribuer au fait qu'elle aille mieux et qu'elle suive son évolution personnelle.

Vous ne lui avez jamais proposé de voir un thérapeute ?

Je le lui ai proposé plusieurs fois, mais elle n'a jamais accroché à l'idée. Elle est plutôt adepte de médecines parallèles. Et puis, elle va bien maintenant. C'est le principal.

Cet enfant fragile que vous étiez vous a-t-il donné envie d'avoir de la force, par exemple par la maîtrise de l'inconscient ?

Enfant, j'ai été tellement manipulé que j'en ai acquis l'idée qu'il ne pourrait jamais rien m'arriver de pire. Quoi que je fasse, rien ne pouvait être plus terrible que ce que j'avais vécu. Donc cela m'a donné du courage pour entreprendre des choses et affronter des difficultés, y compris dans le domaine de la compréhension psychique.

Voyage au pays des psys

Pourriez-vous envisager d'arrêter ce métier un jour ?

J'ai eu comme dernier analyste Didier Anzieu qui, vers la fin, m'a fait comprendre que ce serait mieux que nous arrêtions nos entretiens. En fait, il était très malade à ce moment-là, et c'était une façon pudique de dire qu'il n'avait plus la force de continuer à assurer les séances. Cela m'a paru juste et correct. J'imagine bien qu'à un certain moment, on ne peut plus ressentir à l'intérieur de soi la disponibilité d'esprit suffisante pour suivre des patients. Je pense que si je vis longtemps – ce que j'espère –, je serai amené à arrêter cette activité avant ma mort. Il n'y a pas que les articulations qui s'arthrosent : le cerveau aussi ! Je crois que je ne serai pas comme Molière, je ne mourrai pas en scène.

Jean-Pierre Winter

« C'est un métier où l'on se pose chaque jour la question de savoir si l'on est dans l'imposture, dans l'escroquerie, et on n'est jamais totalement convaincu de ne pas y être. »

Jean-Pierre Winter est un ancien élève de Lacan et ami de Françoise Dolto. Psychanalyste en exercice depuis près de trente ans, il est aussi président du Mouvement du coût freudien, issu de la dissolution de l'École freudienne de Paris. Particulièrement attentif aux évolutions de la société, il aime rappeler dans ses ouvrages ou ses articles que « les mots du patient sont pleins de la fureur du monde », et exprime des prises de position aussi bien sur l'homoparentalité, les mères porteuses, le terrorisme ou la vie politique... Déjà en 1995, il avait choisi de mettre « les hommes politiques sur le divan ».

Au fond d'une cour pavée, dans un vieil immeuble du XIe *arrondissement de Paris, la porte s'ouvre sur son regard perçant. Un cabinet sobre et simple, un peu vieillot, où rien ne retient l'attention si ce n'est le confort des fauteuils. Si prolixe dans ses articles sur la psychanalyse ou sur l'actualité, ce personnage d'apparence rabelaisienne est toujours resté plutôt discret sur son parcours et sur sa vie. Au cours de l'interview, il prend conscience avec émotion de livrer certaines confidences pour la première fois...*

Voyage au pays des psys

Isabelle Giordano : En quelques mots, pourriez-vous décrire votre bureau ?

Jean-Pierre Winter : Une pièce pas trop grande, avec une bibliothèque, beaucoup de livres, une toute petite salle d'attente où il n'y a que deux fauteuils. C'est un espace qui n'est pas neutre puisqu'il y a des livres, des objets, des sculptures, des tableaux contemporains, un divan tout ce qu'il y a de plus banal, qui n'est pas une méridienne, et un fauteuil, où je peux rester douze heures sans avoir mal au dos à la fin de la journée...

Avez-vous des rituels particuliers ?

Il y a un rituel indispensable : la régularité. Elle est nécessaire, au double sens du mot. Il faut être régulier temporellement et il faut une règle du jeu. C'est-à-dire être ponctuel aux séances, savoir que l'analyse a un cadre et un code précis. Les coups de canif au cadre sont le plus souvent dommageables pour la poursuite de la cure. Entendre par exemple : « Je ne peux pas venir parce que ma mère m'a demandé de l'aider à faire les courses », ou « Parce que mon fils sort de l'école et qu'il n'y aura personne pour aller le chercher », toute tentative de rupture avec le pacte de base est néfaste, en tout cas si l'on cède trop souvent. Le rôle de l'analyste est d'être le garant de ce cadre. Sauf accident de la vie, car on peut bien sûr tomber gravement malade, ou avoir un décès dans sa famille. L'analyse est une pratique tout à fait inédite dans l'histoire de l'humanité. Des gens qui se rencontrent à heure fixe dans la semaine, qui viennent pour parler... L'un parle, l'autre écoute. L'un des deux paie, et c'est celui qui a parlé et qui a fait le boulot.

Jean-Pierre Winter

Prenez-vous l'argent que l'on vous donne ou le laissez-vous sur la table ?

Cela dépend. Je suis différent avec chaque patient, parce que chacun a un enjeu différent. L'argent a une signification différente pour chaque personne. Mais la règle commune est de payer chaque séance, même si on ne vient pas et quel que soit le motif. Bien sûr il est possible d'aménager cette règle ; il y a une cure type et des variantes. C'est une question de souplesse psychique. Si quelqu'un vient me voir et que j'entends, dès le premier entretien, qu'il a passé sa vie à être sous le joug de ses parents, qu'il a vécu toute son enfance sous la contrainte, je ne vais pas lui offrir un cadre où il va revivre la même situation. La seule façon de le surprendre est de lui laisser une liberté à laquelle il n'est pas habitué. Par exemple, au lieu de lui dire : « Je vous verrai lundi, mercredi, vendredi à telle heure », à la fin du premier entretien je lui demande : « Quand est-ce que vous avez l'intention de revenir ? »

Parlez-vous beaucoup pendant la séance ?

Cela aussi dépend du patient.

Prenez-vous des notes ?

Pas pendant les séances. Éventuellement après, mais je me fie beaucoup à la mémoire transférentielle. Les choses me reviennent quand elles doivent revenir à cause de ce qui est en train de survenir.

Voyage au pays des psys

Comment se répartit votre temps de travail, entre vos activités et vos patients ?

Je travaille cinq jours par semaine, de huit heures du matin à vingt et une heures. Les patients représentent l'essentiel de mon temps de travail. Par ailleurs, j'enseigne et j'anime régulièrement un séminaire pour des psychanalystes à Montpellier et à Paris. Ce n'est pas exactement l'emploi du temps rêvé... J'aimerais avoir plus de temps pour lire, pour écrire, mais petit à petit, le travail clinique l'a emporté sur le reste. L'écriture occupe toutefois une place importante dans ma vie. C'est un acte qui me coûte énormément, qui ne se fait pas dans la facilité. C'est quelque chose que je m'arrache. Je crois profondément que le psychanalyste doit rendre compte de ce qu'il fait. Il ne s'agit pas d'être dans l'intimité de son cabinet à faire n'importe quoi, sans que personne ne soit au courant de ce qui s'y passe. Il faut en rendre compte à soi-même et aux pairs, pratiquer l'autocritique et se laisser critiquer. C'est un métier où l'on se pose chaque jour la question de savoir si l'on est dans l'imposture, dans l'escroquerie, et on n'est jamais totalement convaincu de ne pas y être. Qu'offre-t-on aux gens ? On leur propose de les écouter. D'intervenir de temps en temps pour orienter. Il faut beaucoup de temps pour s'apercevoir que c'est souvent notre désir d'analyste qui mène les choses. Et c'est parce que l'on est le moteur de l'action qu'il faut une grande probité intellectuelle.

En quelques mots, comment définiriez-vous le métier de psychanalyste ?

Comme l'offre de ce qui permet à quelqu'un de ne pas sombrer dans la mort psychique et quelquefois physique.

Jean-Pierre Winter

L'offre d'une écoute, pour accéder à sa propre parole et à la singularité de son désir. Une écoute qui permet à quelqu'un de dénouer les impasses de sa vie qui sont liées aux silences.

Vous sentez-vous utile ?

Utile, altruiste, sincèrement je ne sais pas... Dans le même temps, je ne pourrais pas tout réfuter en vous confiant que je ne me soucie de personne. Mais je ne pense pas que l'idée de charité soit présente dans la psychanalyse. Que les gens aillent mieux, c'est souhaitable. Mais leur parcours et leurs difficultés m'intéressent au sens où ils peuvent m'apprendre quelque chose sur le fonctionnement du psychisme humain. L'exercice psychanalytique stimule la pensée. Cela me permet de réfléchir à des questions fondamentales, ce qui a pour effet de délester quelques symptômes handicapants pour ceux qui viennent parler ici.

Par exemple ?

Qu'est-ce que le pouvoir de la parole sur les corps ? Cela reste une énigme. On pourrait le formuler autrement : pourquoi une telle disjonction ou même opposition entre le sexe et la parole, par exemple ? Pourquoi est-il tellement difficile aux êtres humains de réaliser une harmonie entre leur vie sexuelle et leur vie de paroles ? Pourquoi, dans la plupart des couples – je consulte individuellement mais chacun me raconte son histoire de couple, hétéro, homo, peu importe –, le sexe domine-t-il parfois au détriment de la parole ? Ou bien, inversement,

Voyage au pays des psys

c'est la parole qui domine, et du côté du désir sexuel, ça s'appauvrit très rapidement. Je peux le dire encore autrement : pourquoi le désir et l'amour sont-ils si peu en continuité ? Pourquoi y a-t-il une telle différence entre le quotidien et des moments très brefs où l'on peut réaliser cette rencontre de l'objet du désir et de l'objet d'amour ? Toutes ces questions restent des énigmes. Et pour être plus psychanalyste encore : pourquoi l'érection ça marche et pourquoi ça ne marche pas ? Qu'est-ce que l'Autre ? C'est cette quête-là que je poursuis. Si j'avais les réponses à ces questions, je ne serais plus psychanalyste aujourd'hui.

Est-ce que le fait de côtoyer la souffrance au quotidien vous a déjà posé problème ?

Cela m'a posé problème dans le rapport à ma propre souffrance. Mais jamais à celle de l'« autre » : je n'adhère pas à la souffrance de mes patients. D'abord parce que, bien souvent, je me demande quelle part de jouissance elle comporte – voilà déjà une prise de distance – et ensuite parce que dire sa souffrance, c'est déjà l'atténuer un peu. Je peux être dans une onde d'empathie, mais en même temps j'essaie d'écouter autre chose, d'écouter ce qui va aider, sans m'immiscer !

Les propos de vos patients ont-ils encore un impact sur vous, une fois la journée terminée ?

Si je suis encore préoccupé par les dires d'un patient dans la journée, c'est parce que je suis passé à côté de quelque chose. L'expérience me l'a souvent montré. En général, cela signifie qu'il y a quelque chose que je n'ai pas entendu. Cela revient parfois sous la forme d'un rêve, ou d'une préoccupation, d'une angoisse qui surgit à un moment donné dans la soirée. J'ai alors le sentiment d'un ratage dans l'écoute. Ou bien j'éprouve la sensation d'avoir été à mauvaise distance par rapport au patient, soit trop proche, soit trop éloigné de ce qui l'angoisse.

Et vous parvenez à tenir cette distance au quotidien ?

Oui... plutôt oui ! Mes journées sont en général très agréables à vivre. Le soir venu, je passe à autre chose. Ce n'est pas une rupture du lien. Le lien avec le patient est un lien inconscient, il se renoue dès que la personne vient à sa séance. C'est ce qu'on appelle le transfert.

Pour être très trivial, chaque patient est-il une sorte de cobaye dans la réponse qu'il apporte à vos propres questions ?

Sûrement pas, chaque patient apporte une réponse différente. Chacun m'apprend comment il se débrouille avec ses questions à lui, qui ne sont pas nécessairement celles que je viens de formuler – rarement d'ailleurs. J'ai une espèce d'attention – pas vraiment de la curiosité – pour la manière dont les gens ont tissé leur vie, avec des histoires parfois dramatiques, ou imaginairement dramatiques, qui pour d'autres ne le seraient pas. Voilà encore une question qui m'est venue au fil de la pratique : pourquoi un même événement peut-il avoir une importance absolument déterminante pour quelqu'un, et pour un autre passer comme une lettre à la poste ? Pourquoi untel

Voyage au pays des psys

fera-t-il toute une montagne du fait que son père lui ait dit un jour telle chose, alors qu'un autre, arrivant à la séance suivante, à qui son père aura dit exactement la même chose, ne fera que l'évoquer banalement sans effet traumatique ? Ce sont ces petites questions, au jour le jour, ainsi que le poids sur l'être humain de tout ce qui a précédé sa naissance, qui font l'intérêt de cette pratique. Et cela me taraude depuis longtemps. Freud explique que, finalement, nos traumatismes que l'on imagine très personnels sont en fait très répandus. Et en effet, avec la pratique, on s'aperçoit que des traumatismes, il n'y en a pas tant que ça, juste quelques cas de figure. Mais la façon dont les gens vont raconter leur traumatisme dépasse de loin ce qu'ils ont vécu et les oblige à employer des termes antécédents au vécu. Si bien que Freud aboutit à cette hypothèse que nos traumatismes sont toujours pris dans des traumatismes historiques. Quand il dit « historique », cela peut remonter à la période glaciaire ! Il y a tout cela dans notre malheur, dans notre douleur d'exister, de l'ordre de la transmission des peurs ou des craintes de génération en génération. Cette pensée de Freud est séduisante et intéressante. Son hypothèse quant à la répétition des attitudes et des réflexes, les mêmes depuis l'ère glaciaire d'après lui, m'a beaucoup intéressé. Cela rejoignait ma formation talmudique qui propose aussi un autre rapport au temps, différent de la stricte chronologie. Pour les psychanalystes, nous sommes toujours dans l'après-coup qui remanie le passé. Ce qui est très talmudique, au sens où, dans le Talmud par exemple, on peut expliquer ce qui arrive à Abraham par une phrase prononcée par le roi David trois mille ans plus tard !

Jean-Pierre Winter

Votre histoire personnelle s'est-elle aussi ancrée autour d'un traumatisme historique ?

Je suis né à Paris en 1951, dans un quartier modeste. C'était un minuscule appartement à côté d'un atelier, au fond d'une cour. En fait, ma vie a commencé un peu comme dans la pièce de Jean-Claude Grumberg, *L'atelier*, c'était exactement la même ambiance. Quel choc lorsque je l'ai vue au théâtre, j'ai soudain revécu une partie de mon enfance. À la maison, il y avait en permanence quatre, cinq ouvriers ou ouvrières. Mon père, un malade de travail, bossait jour et nuit. Derrière la paroi de mon lit, j'entendais le bruit de la « presse » sur les vêtements, d'énormes fers à repasser qui tombaient lourdement sur les tissus, un bruit sourd et saccadé, de l'autre côté du mur. La vie était difficile. Pour dire vrai, nous vivions dans une quasi-misère. Financièrement, mes parents ne s'en sortaient pas du tout. Un jour, nous avons cru à l'embellie, au moment où les réparations de guerre leur furent versées ; mais finalement cela n'a rien arrangé, loin de là.

Vos parents ont-ils perdu de la famille pendant cette guerre ?

Ma famille maternelle a eu de la chance. Pourtant, en tant que juifs étrangers, ils étaient les premiers visés par les rafles. Ma mère n'était encore qu'une adolescente quand elle a été placée en pension, d'abord près de Grenoble, où elle s'est cachée comme ses frères et sœurs. Sa famille au sens strict, père, mère, frères, sœurs, n'a pas été déportée, mais sa famille au sens large a été touchée, oui. Quant à mon père, il est le seul survivant d'une nombreuse famille entièrement exterminée.

Cette adolescence, vécue dans ce contexte de l'après-guerre, fut-elle aussi dure que votre enfance ?

Il y a eu un événement important... À la maison, c'était saisie sur saisie, car mes parents étaient criblés de dettes. Il m'arrivait de rentrer et de ne plus trouver aucun meuble... Un jour, ils ont donc pris la décision d'émigrer. J'avais seize ans. À l'époque, la majorité était à vingt et un ans, mais j'ai refusé de partir. Mes parents ont donc quitté la France avec mes frères et je me suis retrouvé seul à Paris. J'étais totalement livré à moi-même et, à cause de nos dettes, je n'avais aucun moyen de me retourner vers des amis ou la famille en cas de besoin. La seule aide est venue du côté de l'Éducation nationale. Le proviseur (un chrétien de gauche genre *Témoignage chrétien*), le surveillant général du lycée, l'aumônier, tous m'ont été d'un grand secours. Finalement j'ai été épaulé par des gens qui n'avaient rien à voir avec ma famille. Je donnais aussi des cours particuliers, ce qui me faisait un peu d'argent de poche. Les Éclaireurs israélites de France (EIF) m'ont beaucoup soutenu eux aussi.

À quoi rêve-t-on, à seize ans, et si tôt responsabilisé ?

Au lycée, je m'étais fait remarquer par mes prises de position politiques : j'étais du côté des gauchistes et du Comité Vietnam. Je m'occupais aussi du groupe de théâtre. À cet âge, je n'avais pas encore formulé d'envie de métier spécifique. Mais j'avais un rêve, un fantasme inconscient :

devenir psychanalyste. C'était d'ailleurs l'argument que j'avais mis en avant pour ne pas partir en Israël. Je ne voulais pas y aller à cause du service militaire qui durait trois ans, ce qui m'aurait empêché de devenir psychanalyste.

Comment l'idée de devenir psychanalyste peut-elle être si claire dans la tête d'un adolescent de seize ans ?

La seule et unique fois où j'ai envisagé un métier, c'est quand j'ai découvert Freud. Je me suis dit : « Voilà ce que je veux faire dans la vie, voilà ce qui m'intéresse : devenir psychanalyste et transmettre cette bouleversante découverte qui donne du sens à ce qui n'en a pas. » Je vais vous raconter une chose que je n'ai racontée jusque-là qu'à mon analyste. Il m'arrivait souvent de fantasmer sur la situation que nous sommes en train de vivre. Je m'imaginais qu'un jour il y aurait des journalistes, de radio, de télévision, qui viendraient me demander mon avis sur différentes choses. Je m'imaginais répondant à des interviews, parlant à la presse avec beaucoup d'assurance. Cela n'a rien à voir avec un fantasme de célébrité. La notoriété est venue sans que je l'aie cherchée. Inconsciemment tout était là. Il a fallu au moins dix ans pour que je réalise un jour que j'étais en train de faire ce que j'avais imaginé étant petit.

Comment ont réagi vos parents quand vous le leur avez annoncé ?

Quand je leur ai dit que je voulais être psychanalyste ? Ma mère était plutôt contente, elle n'y voyait aucun inconvénient, au contraire. Quant à mon père, je crois qu'il ne réalisait pas très bien ce que ça voulait dire. Mais on n'en a jamais vraiment parlé. Donc, en fait, je n'en sais trop rien.

Ainsi épaulé par ces « hussards » de l'Éducation nationale, comment se sont déroulées vos études ?

D'abord, je profite de cet entretien pour rendre hommage à toutes ces personnes de l'Éducation nationale sans qui je n'aurais jamais pu sortir la tête hors de l'eau. Je vivais sans un sou, avec en plus quelques arriérés de loyer sur le dos ; je devais trouver les moyens de me nourrir, me chauffer, m'habiller. Cela témoigne aussi d'un vrai changement d'époque : je ne sais pas si cette situation serait encore possible aujourd'hui, si des parents laisseraient ainsi leur fils de seize ans ; aujourd'hui, un jeune dans un cas similaire serait signalé à la DDASS et toutes les institutions lui tomberaient dessus, et je ne sais pas s'il pourrait encore choisir son destin. Mes parents partis sans me laisser un rond, je suis allé voir le surveillant général du lycée : j'étais en première, militant gauchiste ; lui passait pour être un type d'extrême droite, un membre de l'OAS, une fausse réputation qu'on lui avait collée. À peine lui avais-je annoncé qu'à partir de maintenant je signerais moi-même mes mots d'absence qu'il m'a fait comprendre qu'il s'était bien douté que je faisais ainsi depuis deux ans. Il l'avait toujours su, il n'a jamais rien dit. Nous étions très différents, mais rapidement une forme de complicité s'est instaurée entre nous.

Finalement, vous étiez un ado plutôt débrouillard ?

J'étais un jeune homme actif qui se pensait passif ! Le surveillant m'a demandé comment et de quoi je comptais vivre. Devant mon silence, nous sommes allés chez le proviseur qui, au lieu de pousser des hurlements et d'alerter la police, a décroché son téléphone et contacté le rectorat : « Voilà, j'ai besoin d'un surveillant pour un poste de demi-pension ; j'ai quelqu'un dans le lycée qui peut faire l'affaire. Est-ce que je peux l'engager ? » On lui a dit oui sur un simple coup de fil. Je vous laisse imaginer la même chose aujourd'hui ! Là encore, quel changement d'époque !

Vous avez donc survécu grâce à ce poste de surveillant ?

Oui. Je surveillais la demi-pension des cinquièmes pour un tout petit salaire. Je faisais aussi quelques remplacements de pion, je donnais des cours particuliers et je m'occupais des louveteaux chez les Éclaireurs israélites de France. Et voilà ! Le tout ne devait pas être plus important que le RMI d'aujourd'hui ! Mais ça me permettait de vivre. Le surveillant général m'avait pris en sympathie : il m'invitait à déjeuner chez lui le week-end. L'aumônier, avec qui j'avais fondé les Amitiés judéo-chrétiennes du lycée, m'invitait aussi régulièrement à dîner ou à déjeuner, tout comme certains parents d'élèves chez qui je donnais des cours d'hébreu, de français ou de maths. En un mot, je vivais en me débrouillant à droite, à gauche, en étant parfois dans une sorte de brouillard. En tout cas, je m'arrangeais de cette situation sans avoir l'impression de faire des choses exceptionnelles. Et puis surtout, il y a eu un ancien professeur d'anglais, Mr Welcomme, un homme épatant à qui je dois beaucoup.

Voyage au pays des psys

Avez-vous ressenti un sentiment d'abandon ?

Non, car c'est moi qui avais décidé de ne pas partir. C'est moi qui avais fait le choix de rester à Paris, donc je ne me sentais pas abandonné. Simplement je me disais : « C'est curieux, d'habitude ce sont les enfants qui quittent les parents, et là, ce sont mes parents qui m'ont quitté... » Ce n'est que de longues années plus tard, avec l'analyse, que j'ai réalisé que les choses étaient « pliées d'avance », mais je l'ignorais. Mon père était un homme particulièrement mutique. Il était resté fortement marqué par le traumatisme de la guerre et de la déportation. Je n'ai réussi à le faire parler sur son histoire que quelques mois avant sa mort. C'est à ce moment-là que j'ai découvert pourquoi, quand j'étais gamin, vers dix ans, bien avant de découvrir l'univers de Freud, j'affirmais que ma vie commencerait quand j'aurais dix-sept ans... J'étais en proie à ce « fantasme » alors que j'étais haut comme trois pommes, sans me douter une seconde qu'en effet ma vie professionnelle, sexuelle, mon indépendance, mes orientations principales, tout serait déterminant à cet âge-là ! Quand j'ai demandé à mon père de me raconter sa déportation – devant toute la famille, d'ailleurs, ce n'était pas une question intime –, quelle ne fut pas ma surprise quand j'entendis sa première phrase : « J'allais avoir dix-sept ans quand j'ai décidé de quitter mon père et ma mère... » Mes frères et mes belles-sœurs, qui connaissaient un peu mon histoire, sont restés stupéfaits, comme moi ! Sa vie a basculé à l'aube de ses dix-sept ans. À ce moment-là, j'ai réalisé qu'il était né en 1917, qu'il avait quitté ses parents en 1934. Dix-sept ans plus tard, en 1951, il a eu son premier fils (c'était moi). Dix-sept ans plus tard, il est parti en Israël et il a laissé son fils aîné seul à Paris. Et dix-sept ans plus tard, il est mort... Il y a une espèce de répétition dans laquelle j'ai été pris et que j'avais intégrée inconsciemment en silence. Malgré tous les aléas de la vie, et pour moi c'est une énigme encore irrésolue, j'ai pris conscience du fait que nous sommes voués à ce qu'un certain réel revienne dans la vie, indépendamment de ce qu'on peut vivre par ailleurs. Il y a des choses qui s'imposent à nous. Elles nous paraissent déterminantes, on en fait tout un causalisme et souvent, de fait, elles nous dépassent totalement. Car elles sont dans la répétition, dans un cycle qui ne nous appartient pas. On a juste la liberté d'en faire quelque chose, mais pas plus.

Était-ce pour vous une forme de destin inéluctable ?

Non, pour une raison simple : le destin sous-entend que tout est écrit, alors que dans mon histoire, je me sentais tout de même libre d'orienter mon avenir. Cela me fait un peu anticiper ce que l'on va se dire, mais cette façon de vivre des événements, en pensant qu'ils n'ont pas de sens, cette impression de se laisser guider par le cours des choses, qui est aussi le cours des mots, correspondent au travail analytique. Arriver à un point pour s'apercevoir un jour qu'on a été englué dans des symptômes insupportables, alors qu'au fond il suffit parfois d'admettre que ça n'a aucun sens.

Continuons : après ces années de lycée, le bac ?

J'ai passé mon bac dans des conditions difficiles, en plein Mai 68. Mais ce fut peut-être une chance en même

Voyage au pays des psys

temps. Je n'étais pas un mauvais élève. J'étais bon en philo, en français, en italien. Après mon bac, j'ai commencé des études de médecine tout en continuant à faire de la politique. En fait, la médecine ne m'intéressait pas du tout, j'ai échoué assez rapidement. Ensuite je me suis lancé dans des études de droit et de philo. Avec une idée un peu bizarre, je n'ai pas très bien compris pourquoi : à un moment donné, l'idée d'être psychanalyste au sens strict m'a lâché et j'ai fait du droit pour devenir criminologue. Ne me demandez pas pourquoi, je n'en sais rien, si ce n'est peut-être cette question de vouloir comprendre ce qui poussait les gens à détruire. Ou, qui sait, peut-être aussi me sentais-je criminel ?

Jusqu'où avez-vous poursuivi vos études ?

Jusqu'au diplôme de psychologie clinique. Puis j'ai rencontré Lacan. J'ai fait mon analyse avec lui. J'ai fréquenté l'École freudienne assidûment, et je suis devenu un ami de Françoise Dolto.

Comment s'est passée votre rencontre avec ces deux grandes figures de l'époque, Dolto et Lacan ?

Ma rencontre avec Lacan a de multiples facettes : ce fut d'abord une rencontre avec ses écrits. Je vivais une sorte de coïncidence entre le peu que je comprenais de ses écrits – l'ensemble m'était hermétique, je dois bien l'avouer – et l'extraordinaire intérêt que j'avais pour le langage. Sans saisir toute la portée de Lacan, j'étais frappé par son approche du langage. Je me souviens d'une formule, qui m'avait bouleversé lorsque j'avais dix-neuf ans : « L'inconscient est structuré comme un langage. » Même encore aujourd'hui, si vous me demandiez ce que cela veut dire exactement, je pense que j'aurais du mal à vous l'expliquer. Mais ces textes me parlaient, me saisissaient. J'avais l'impression que Lacan avait compris quelque chose d'essentiel de Freud. Quelque chose que les autres analystes non lacaniens, que je lisais dans le même temps, ne comprenaient pas. Mon intérêt pour le langage avait été nourri de ma formation talmudique. J'avais suivi des cours d'hébreu, avec de grands maîtres. Le Talmud est par essence le domaine du langage. Un texte kabbalistique dit, approximativement, que Dieu, pour créer le monde, a regardé la Torah et a tout fait en suivant ce qui était écrit. Lacan ne dit pas exactement cela, mais il dit quand même que le monde des choses existe, parce qu'existe le monde des mots. Je comprenais que, par exemple, une chose n'était pas désirable en elle-même, mais que, par contre, tout ce qui était dit autour de cette chose pouvait la rendre ou non désirable.

Et avec Françoise Dolto ?

Avec Françoise Dolto, ce fut un peu accidentel. C'est plutôt elle qui est venue vers moi. Un jour, elle a débarqué dans un séminaire sur les rapports entre psychanalyse et judaïsme. Et, très rapidement, nous nous sommes trouvé plein d'intérêts communs, notamment sur tout ce qui touchait à la spiritualité, même si nous avions des désaccords de fond. Nous avions beaucoup de choses à partager, et surtout, c'était une personne capable de vous éclairer merveilleusement sur la parole et la pratique de Lacan. Avec elle, tout devenait compréhensible. Elle donnait du contenu à tout ce qui pouvait apparaître comme abstrait. Lacan était tout de même mon analyste, il était important que je le comprenne. Elle m'a fourni le code d'accès.

Que vous a révélé votre analyse ? Était-ce une manière de répondre à une passion de jeunesse ou une façon de réparer certaines blessures ?

Je sais que beaucoup de collègues présentent les choses de cette manière-là. Mais je vais vous dire : ce besoin de réparation joue certainement un rôle, c'est très probable, mais cela appartient à la dimension imaginaire des choses, ce qui n'est pas rien. Au point où j'en suis aujourd'hui, je vous dirais que je n'en sais rien. Pourquoi suis-je devenu psychanalyste ? Je n'en ai strictement aucune idée. Cela reste énigmatique. Bien sûr, il y a des hypothèses, des tentatives d'explication, ce sont... des bouts de savoir.

Vous avez dit que votre père parlait très peu, qu'il était presque mutique. Serait-ce trop simple de dire que vous aviez choisi de prendre la parole ?

Oui, c'est trop évident. Beaucoup de gens ont un père peu bavard et ils ne deviennent pas psys pour autant ! En vingt-cinq ans d'expérience, j'ai rencontré ce cas chez pas mal de mes patients. La question de savoir pourquoi on devient psychanalyste n'est pas la même que de savoir comment on devient psychanalyste. Le pourquoi – d'où vient le désir d'être analyste ? – reste souvent une énigme. Lacan avait par exemple mis en place tout un protocole pour répondre à cela. Que peut-il se passer dans la tête de quelqu'un, installé dans un fauteuil, qui décide d'écouter parler des gens toute la journée ? Même après avoir écouté des analysants pendant quarante ans, il avait du mal à y répondre. Il existe pourtant des éléments déterminants et importants. Une question me taraudait sans cesse, plus jeune : pourquoi la parole fait-elle de l'effet sur autrui ? Quelle est la nature de ce pouvoir ? Pourquoi, avec des mots, peut-on faire rire ou pleurer ? À cela s'ajoutait une autre question : pourquoi l'absence de mots peut être à ce point angoissante ? Je me demandais souvent pourquoi, malgré de vrais moments de bonheur et de joie, il y avait tant d'angoisse dans ma famille. Je sentais autour de moi tous ces jeux avec la parole, les non-dits et le poids de la parole, dont je soupçonnais les vertus mais aussi les vices.

Votre analyse a duré combien de temps ?

Dix ans.

Vous avez exercé assez vite ?

Oui, j'ai commencé à exercer assez vite pendant l'analyse. D'abord en province comme psychanalyste d'enfants, à Lons-le-Saulnier, ensuite à mi-temps. Puis, petit à petit, j'ai commencé à recevoir chez moi.

Vous souvenez-vous de votre première séance, de la première fois où vous vous êtes installé dans votre fauteuil d'analyste ?

Avant de m'installer vraiment comme psychanalyste, j'ai travaillé à l'Hôpital psychiatrique de Villejuif. Mon premier souvenir va peut-être vous faire rire : à Villejuif, une partie du personnel de l'hôpital psychiatrique voulait me bizuter. On m'envoie un malade chronique. Il était à l'hôpital depuis trente ans ; personne n'avait espoir de le voir sortir et encore moins de le guérir. Le patient s'était installé dans l'hôpital, il faisait partie des murs en quelque sorte. On me l'envoie donc, pour se payer ma tête. Je reçois ce type plus âgé que moi et je l'invite à s'asseoir en face de moi. Il se tait. Ça dure un temps qui m'a paru infiniment long. J'ai senti une angoisse monter. Je ne savais pas quoi faire. Et puis, au bout d'un temps assez long, il me dit : « Vous êtes lacanien, vous ? » Je lui réponds presque de manière réflexe : « Pourquoi est-ce que vous me posez cette question ? » Et il me dit : « Parce que moi, les lacaniens, j'aime ça, avec eux même quand on se tait, ça parle. » C'était un vieux routier. Ça m'a détendu. Mais je n'ai pas réussi à faire reculer sa psychose ! Vous savez, quand on débute, on crie facilement victoire. On se laisse prendre au piège. Si un patient, au bout de la quatrième séance, vous annonce qu'il est guéri, vous vous dites : « Je suis bon ! Ça marche ! » Mais avec l'expérience, on comprend qu'il s'agit plutôt d'un patient qui fuit devant l'analyse !

Avez-vous tout de suite pris du plaisir dans l'exercice de cette fonction ?

J'étais assez à l'aise, pas toujours très sûr de moi, mais j'étais sûr de l'analyse. Je n'éprouvais pas de plaisir – car ce n'est pas toujours plaisant – mais plutôt un désir, une curiosité. Le sentiment d'énorme responsabilité était compensé par le contrôle que j'effectuais régulièrement et qui me permettait de prendre du recul et de la distance. Au début, j'étais excité par ce qui se passait pendant la séance. Avec une sorte de soumission un peu angoissante, un idéal d'analyste. J'ai mis quelques années à trouver un peu de distance et de liberté d'analyse. Ma tentative aura été celle de m'inventer comme psychanalyste. Quel analyste puis-je être ? Voilà la seule question qui m'a toujours guidé dans mes choix.

Aujourd'hui, y a-t-il une satisfaction narcissique liée à l'exercice de votre métier, d'autant plus que les médias vous sollicitent souvent ?

J'ai longtemps cru à cette « satisfaction narcissique », d'abord parce qu'on me l'a longtemps renvoyé dans les gencives. J'essaie de m'en détacher le plus possible, je ne suis même pas sûr de son existence réelle. Pour ma part, je parle plus volontiers de la réalisation d'un fantasme, mais ce n'est qu'une partie de l'explication. Il y a un grand souci de transmettre la psychanalyse par les voies qui ne sont pas les plus convenues, comme l'université, qui ne me paraît pas un lieu adapté pour transmettre la psychanalyse. Transmettre la psychanalyse par l'université est un phénomène récent. Je ne vois pas pourquoi un étudiant en psychologie ou en psychiatrie, qui n'est pas en analyse, serait à même de comprendre l'enseignement d'un psychanalyste. Ce fut un point de rencontre avec Françoise Dolto. Elle avait elle aussi ce souci de transmettre la psychanalyse hors les murs des associations analytiques et de l'Université. Avec Françoise Dolto et Serge Leclaire, nous avions en commun le même point de vue sur l'utilité des médias. On y allait, mais comme on va à l'abattoir, en sachant que c'était risqué pour nous, risqué par rapport à la communauté de nos pairs. C'était la cage aux lions quand même ! Mais ça valait le coup de tenter quelque chose, et de ne pas laisser le terrain à tout ce qui s'intitule « psy » et qui est éthiquement aux antipodes de la psychanalyse.

Avez-vous déjà eu envie d'arrêter, de ne plus être analyste ?

Non. Je n'ai jamais eu envie d'arrêter. Je ne me pose pas vraiment la question. Je crois que je continuerai. Enfin, ça a l'air bien parti pour ! Je pense que c'est un désir, au sens le plus fort du mot « désir ». C'est une sensation – même si je sens que je vous déçois en disant cela –, une sensation qui insiste en moi, sans que je sache bien la définir. Une insistance réelle, un désir. Même si j'ai des moments de découragement.

Quels sont ces moments de découragement ?

Dans le travail d'analyste, vous êtes parfois face à quelqu'un qui réussit à se sortir d'un symptôme majeur. Puis, d'un coup, sans crier gare, le patient y retombe à pieds joints, après tant d'efforts déployés pour qu'il s'en sorte. Ou bien vous passez du temps avec une personne qui semble concernée par son travail, et vous vous apercevez qu'elle fait semblant ! Vous découvrez alors qu'après cinq ans d'analyse, elle vous a dissimulé la plus grande partie de sa vie psychique...

Jean-Pierre Winter

Dans ce cas-là, vous arrive-t-il d'en parler avec vos proches ou votre épouse ?

Non, jamais. C'est assez cloisonné. Je dirais même hermétique. Pourtant mon fils aîné est psychiatre. La transmission a opéré, mais pas par volontarisme. J'ai trois enfants : le deuxième est normalien, philosophe, fortement intéressé par la psychanalyse ; et le troisième est violoniste. C'est celui qui s'est le plus rapproché de la musique juive, en travaillant avec des groupes de musique kletzmer. Dans cette histoire familiale, on peut lire la continuité d'un désir à travers plusieurs générations.

Terry Berry Brazelton

« J'ai appris à écouter, plutôt que de parler. »

Le Dr Terry Berry Brazelton a aidé des générations de parents à mieux comprendre leurs enfants. Il est devenu célèbre aux États-Unis et en Europe par ses livres, mais aussi par ses interventions très remarquées à la télévision, notamment dans l'émission « Le bébé est une personne ». Ses recherches sur les compétences des nouveau-nés font de lui un pionnier. Il est le créateur d'une échelle d'évaluation des conduites néonatales, le BNBAS[1], utilisée aujourd'hui dans les hôpitaux du monde entier. Professeur de pédiatrie et de psychiatrie infantile à Harvard, T. B. Brazelton dirige l'unité de développement infantile à l'Hôpital pour enfants de Boston. Spécialiste de la psychologie du nourrisson et de l'enfant, il s'est notamment intéressé à la période prénatale et à la crise d'indépendance de l'enfant entre un et trois ans. Né en 1920, il est toujours actif et entreprenant : même s'il ne consulte plus, il continue d'enseigner et de faire des recherches au sein du Brazelton Institute. Il dirige le Touchpoints Center, un organisme de prévention et d'information pour les professionnels de l'enfance. Engagé et

---

1. Brazelton Neonatal Behavorial Assessment Scale.

passionné, il milite depuis les années 90 au sein de nombreuses commissions pour améliorer le système de soins aux enfants.

C'est un homme souriant et accueillant qui me reçoit dans son bureau du Touchpoints Center, à Boston. Son allure est juvénile et sportive. Aux murs, de nombreux dessins d'enfants, ses diplômes – « cela a toujours rassuré les patients ! » plaisante-t-il... On ne s'imagine pas être dans le bureau d'une sommité de la pédopsychiatrie, si ce n'est en regardant les étagères de la bibliothèque où s'entassent ses ouvrages, traduits dans toutes les langues. Aussi célèbre soit-il, Brazelton est un homme chaleureux et humble, infatigable guérisseur du corps et de l'âme des enfants.

Isabelle Giordano : Vos travaux sont connus et traduits dans le monde entier et notamment en France. Savez-vous que notre pays se passionne pour les questions de psychanalyse et de psychologie ?

Terry Berry Brazelton : Ah oui ? Je suis allé une bonne dizaine de fois en France, où il y a deux centres Brazelton, à Paris et à Marseille. La première fois que je me suis rendu à Paris, c'était il y a fort longtemps, pour des raisons professionnelles. J'ai eu la chance de rencontrer un homme merveilleux : Serge Lebovici. J'effectuais à l'époque des recherches sur la petite enfance. Il avait l'air très intéressé par mes travaux. Il m'a dit : « C'est miraculeux, on ne s'imaginait même pas que les bébés pouvaient voir ou entendre... » Ce sont des choses qui nous semblent évidentes maintenant. Quelques années plus tard, j'ai aussi rencontré Françoise Dolto, une femme belle, très prévenante et sensible.

Terry Berry Brazelton

Je crois que vous avez également un lien de parenté avec la France ?

Oui ! Ma grand-mère, d'origine française, s'appelait Mademoiselle Berry, d'où l'origine de mon nom, et elle était une descendante du duc de Berry. Elle vivait en Virginie et, un jour, elle partit au Texas pour épouser mon grand-père, sans l'avoir encore jamais rencontré. Quand elle est descendue du train, toute la famille a réalisé qu'elle était bien plus grande que lui ! Ensemble, ils ont eu six enfants, et comme mon grand-père en avait déjà trois d'un précédent mariage, elle avait au total neuf enfants à élever toute seule.

Vous avez donc grandi dans une famille pleine d'enfants, une manière d'être prédestiné pour votre métier ?

En fait, enfant, je voulais être missionnaire. Jusqu'à ce que j'en rencontre un ! Je ne sais pas si cela avait un rapport avec cette grande famille, mais cette envie d'être médecin était très présente durant toute mon enfance.

À quel moment avez-vous réellement commencé à vous interroger sur votre futur métier ?

Quand j'ai annoncé à mes parents que je voulais être médecin, ils ont été très surpris, car il n'y avait jamais eu de médecin dans la famille. Ils ont dû se demander d'où me venait cette idée ! Mon père était un homme d'affaires et ma mère une femme au foyer, du moins jusqu'à la mort de mon père. Ensuite, elle s'est mise à travailler, reprenant un peu le flambeau des affaires familiales. Je suis issu d'une vraie famille texane, bien ancrée dans la terre de ce pays. On peut même dire qu'ils ont contribué à sa construction. Mon arrière-grand-père était le premier juge du Texas, et mon grand-père était fermier : il possédait une énorme partie du Texas, des terres où poussait du coton. Mon autre grand-père, le père de mon père, était un riche homme d'affaires. J'ai donc été élevé par deux hommes très ambitieux, qui m'ont nourri d'histoires sur la conquête de cette terre étrange. C'est dans ce cadre assez romanesque qu'avait débarqué ma grand-mère. J'imagine sa surprise à la descente du train. Elle parlait à peine anglais. Je l'adorais. Je pense que c'est la personne qui m'a le plus marqué et le plus influencé. Elle était mon héros en quelque sorte. Elle avait eu neuf enfants et la plupart de ses petits-enfants à élever. Je l'aidais souvent et elle disait que j'avais une prédisposition particulière avec les bébés, que j'avais un véritable instinct avec eux. Je ne sais pas si j'en ai parlé tout de suite à ma famille, mais j'ai su très vite que j'éprouvais beaucoup d'intérêt pour les enfants. Je me voyais déjà docteur ou bien vétérinaire. Comme nous vivions au milieu des animaux, je m'imaginais devenir une sorte de Dr Doolittle !

Aviez-vous des frères et sœurs ?

Un frère. Lui aussi est sans doute à l'origine de ma vocation, malgré lui...

De quelle manière ?

J'étais extrêmement jaloux de lui ! Il est né quelques années après moi. Lorsqu'il était petit, et même plus tard,

Terry Berry Brazelton

ma mère passait son temps à s'occuper de lui. Elle le maternait beaucoup et j'avais l'impression qu'elle était animée d'une sorte de passion pour lui, et me délaissait totalement. J'ai donc développé une jalousie excessive à son égard. Mais cela m'a permis de prendre conscience de quelque chose de fondamental par la suite : que la passion peut aussi aller dans le mauvais sens, que l'amour comporte parfois des aspects négatifs et que surprotéger un enfant peut lui faire du tort. Mon frère a eu finalement une vie beaucoup plus difficile que la mienne. Être ainsi couvé ne l'a pas aidé. C'est cette expérience qui m'a donné envie de devenir médecin. Pour parler aux parents, pour les empêcher de faire la même erreur que ma mère.

Malgré cette jalousie vis-à-vis de votre frère, étiez-vous un enfant heureux ?

Non, je ne dirais pas que j'étais heureux. Je dirais plutôt que j'étais un enfant introspectif. Je réfléchissais tout le temps et je crois que je n'ai pas du tout changé.

Comment vos parents vous percevaient-ils ?

Comme un enfant calme, sans doute. Mais cette question est difficile, car à l'époque, on ne parlait pas beaucoup avec ses parents. D'autant que les miens semblaient bien plus occupés par mon petit frère que par mon cas personnel. Je pense qu'ils me voyaient comme un enfant très attentionné, qui se souciait beaucoup des autres... Chez ma grand-mère, je passais mon temps à m'occuper des enfants autour de moi et des plus jeunes en particulier. J'avais beaucoup de petits cousins. Étant l'aîné, j'étais naturellement désigné pour m'occuper d'eux. Et je crois que je ne m'en sortais pas trop mal.

D'après vous, d'où venait votre extraordinaire maturité ?

J'ai grandi vite, sans trop savoir pourquoi. Je n'ai pas de souvenirs de jeux d'enfant, de tous ces moments où l'on est dans l'insouciance totale. Car très tôt, je pense, j'ai été responsabilisé. Je n'ai pas vraiment de souvenirs personnels heureux. Mais je n'étais pas malheureux non plus. J'étais sérieux, gentil et agréable. C'est à la fin de mon adolescence que je me suis manifesté, lorsque je suis devenu un vrai rebelle !

Comment cela s'est-il traduit ?

Disons que j'étais plutôt à gauche. Ce qui paraissait totalement révolutionnaire aux yeux de ma famille qui était religieuse. À vingt ans, j'ai commencé à remettre en question toute mon éducation et toute cette culture.

Et votre frère ? Qu'est-il devenu ?

Il est mort aujourd'hui, mais il travaillait dans l'armée où il a fait des choses incroyables. Il a eu une vie hors du commun, très dure, qu'il a eu parfois du mal à assumer. Tout d'abord, il était dans l'état-major d'Eisenhower pendant la guerre. Il a fait partie des premiers soldats à pénétrer dans Auschwitz, puis il a participé à la prise du bunker de Hitler. Je pense que tout cela l'a démoli, d'une certaine façon. Une fois rentré aux États-Unis, il est devenu alcoolique et il ne s'est jamais marié. C'était un grand collectionneur, il possédait notamment de très belles œuvres d'art françaises, sa collection était réputée à New York, où il vivait. Il était cultivé et incollable sur l'aristocratie française. Sa vie était mondaine et très « jazzy ». Il avait l'habitude de fréquenter les Windsor et tout le gratin des personnalités européennes. Il a bien connu la princesse Grace de Monaco. Une vie très différente de la mienne.

Vous avez grandi au Texas. Cette région a-t-elle joué un rôle dans la construction de votre personnalité ?

Oui, sans aucun doute. Le Texas est un pays très conservateur, et à l'époque, il y avait beaucoup de racisme entre les Noirs et les Blancs. Ce n'est pas un hasard si je voulais devenir missionnaire. Ce qui m'a le plus frappé, c'était le mépris avec lequel on traitait les Mexicains. Je ne comprenais pas qu'on fasse une telle différence entre les personnes. Chez nous, dans ma famille, on ne voulait pas de mal aux Noirs, mais plutôt aux Mexicains. Ils étaient réellement maltraités. C'était toujours les « Latinos », les moins-que-rien. C'était horrible, cela m'a toujours choqué.

Vous auriez aussi pu devenir politicien...

Nos politiciens n'ont pas toujours fait pour le mieux (*rires*). Ma vocation était une volonté profonde, issue de l'enfance, et j'ai pu m'y tenir sans dévier.

Comment s'est-elle construite ?

Je ne sais pas exactement. Je devais intégrer l'Université de Princeton juste après mes quinze ans, mais comme j'étais encore un peu jeune, mes parents m'ont envoyé en classe préparatoire. En sortant de Princeton, je suis resté quelque temps dans la Navy, la Seconde Guerre mondiale n'était pas encore terminée. À mon retour, j'ai rejoint le Massachusetts General Hospital, puis l'Hôpital pour enfants de Boston, que je n'ai plus jamais quitté. À l'université, je pense que je ressemblais à beaucoup de mes copains. Je dansais, je chantais, je m'amusais. J'avais une passion pour le théâtre, j'ai même failli monter sur scène. On m'avait proposé un rôle dans une pièce, mais ma famille s'y est opposée catégoriquement : je devais me concentrer sur mes études de médecine, ce que j'ai fait.

Comment se sont déroulées vos études ?

Je savais que ces études de médecine n'étaient qu'un passage, mon intérêt me portait toujours plus vers la pédiatrie. Je me suis aperçu que, une fois mon internat terminé, je ne savais rien des enfants. Je ne connaissais que leurs maladies. J'ai alors étudié la psychiatrie infantile. Pendant près de douze ans, j'ai essayé de comprendre les enfants et les familles, en les côtoyant le plus possible. Mais je restais sur ma faim, car il s'agissait toujours de cas d'échec. C'est alors que j'ai eu la chance de découvrir Winnicott, le célèbre pédiatre et psychiatre anglais. C'est lui qui, en quelque sorte, m'a indiqué la voie à suivre. J'ai eu la chance aussi de travailler avec le Pr Jérôme Bruner à Harvard (au Center for Cognitive Studies), sur l'étude du développement et sur la psychiatrie de l'enfant. C'était merveilleux, cela a littéralement changé ma vie. J'ai donc commencé à faire des recherches sur les familles « normales ». J'avais enfin trouvé ma passion : le développement de l'enfant. C'est ainsi que j'ai mis au point un programme que nous appelons *Touchpoints*, et qui est une base de travail pour le soutien et le conseil aux familles qui ne présentent pas de pathologie particulière.

Avez-vous suivi une psychanalyse ?

Oui, c'était en 1950, elle a duré deux ans. C'était indispensable dans le cadre de ma formation. Elle m'a tout appris sur moi-même. Je ne sais pas s'il y a un rapport, mais je me suis marié juste après mon analyse, et j'ai commencé à avoir des enfants. J'en ai eu quatre et, aujourd'hui, j'ai six petits-enfants. Cette analyse m'a rendu beaucoup plus introspectif.

L'analyse vous a-t-elle permis de découvrir l'origine de votre vocation ?

Oui, je pense... Je crois que cela permet d'examiner et d'analyser tout ce que nous faisons. Pour en revenir à ceux qui ont eu une grande influence sur mes choix professionnels, je sais que ma grand-mère et Winnicott ont été les deux personnalités les plus importantes. Winnicott était mon héros à distance. Et pendant mon analyse, j'ai pu comprendre à quel point ma grand-mère m'avait elle aussi influencé. Aujourd'hui, je me rends compte que j'ai eu beaucoup de chance : j'ai pu parcourir le monde en faisant des recherches sur les jeunes enfants, j'ai eu une vie merveilleuse. Et maintenant, je parcours le monde pour enseigner.

Voyage au pays des psys

Quelles sont, d'après vous, les qualités nécessaires pour être un bon psychiatre ?

Se soucier des autres, et vouloir leur venir en aide. Je pense que c'est le plus important. Et puis être généreux, par vous-même et par vos idées. Il faut aussi être solide physiquement, car c'est un métier qui demande beaucoup d'énergie ! Et si possible être bien entouré, avoir des gens à vos côtés qui vous soutiennent.

Vous souvenez-vous de vos premières consultations, lorsque vous vous êtes trouvé face à un jeune patient ?

Je venais de me marier et je n'avais pas d'argent... Je faisais donc beaucoup de consultations en psychiatrie infantile. Un jour, on m'a confié une jeune fille de quatorze ans, très malade, qui ne parlait pas. Mes supérieurs hésitaient pour le diagnostic, elle avait peut-être – en plus – une paralysie des jambes, car elle refusait de se lever. Ils l'ont obligée à marcher, mais alors elle a refusé de manger et de boire. Elle était devenue vraiment hystérique. Je me rappelle fort bien la première nuit où elle a finalement accepté de boire du liquide, à petites gorgées. Elle n'avait pas eu d'activité intestinale depuis trente jours, elle n'avait rien bu ni rien mangé pendant tout ce temps. C'était une période difficile et j'étais si jeune. Je venais sans cesse m'assurer qu'elle allait bien. Elle a fini par guérir. J'imagine qu'aujourd'hui elle est mariée, qu'elle a des enfants et qu'elle mène une vie normale, du moins je l'espère.

Terry Berry Brazelton

Vouliez-vous vous sentir utile ?

Oui. Je voulais soigner la souffrance, et quand je ne le faisais pas – car en pédiatrie finalement on voit peu d'enfants très malades, atteints de pathologies lourdes – j'essayais d'améliorer leur quotidien. D'une manière générale, j'ai toujours aimé me sentir utile. Ce n'est pas désagréable de voir des gens vous dire que vous avez amélioré leur vie. Mon Dieu, j'en ai entendu des « Oh, docteur Brazelton, merci ! » Je vais vous raconter une anecdote... J'ai présenté une émission de télévision pendant près de douze ans. Un jour, je marchais dans une rue de New York, dans le quartier des affaires, où il y avait de nombreux sans-abri. Un homme, apparemment un clochard, venait dans ma direction. Quand il s'est approché de moi avec tous ses sacs, il m'a dit : « J'aime vraiment votre émission, doc ! – Comment ! Vous la regardez ? ai-je répondu. – Oui, dès que je peux trouver une télé gratuite ! m'a-t-il dit. – Mais vous avez des enfants ? ai-je demandé. – Oui, par là, au coin de la banque, j'ai un petit bébé, venez le voir. » Il m'a donc emmené au coin de la banque, il y avait un monticule de vêtements sales, il en a sorti un beau bébé de quatre mois et il a commencé à lui parler : « Comment ça va... Gooh... Dis quelque chose au Dr Brazelton ! » et le bébé a fait « Gooooh ». Alors il s'est tourné vers moi et m'a dit : « C'est ce que j'ai appris de vous, docteur Brazelton. » Oh, pour l'amour de Dieu, j'en avais les larmes aux yeux ! Les gens sont merveilleux, ils ont des ressources incroyables.

Voyage au pays des psys

Y a-t-il pour vous une satisfaction égoïste à être utile ?

Oui, je pense. Et j'ai beaucoup de chance d'exercer une profession où l'on peut faire du bien tout le temps. Mon enfance au Texas, dans un milieu conservateur et raciste, m'a ouvert les yeux sur les autres cultures et leurs souffrances. Finalement, ce n'est peut-être pas si égoïste que cela...

Quelle principale difficulté avez-vous rencontrée durant la pratique de votre profession ?

Faire face à la douleur. Et devoir la partager avec d'autres. Le plus dur pour moi était d'annoncer les mauvaises nouvelles aux parents. Partager la douleur avec des gens qui vont perdre leur bébé, leur enfant, c'est extrêmement difficile.

Comment l'avez-vous gérée ?

En essayant de me mettre à leur place. En étant à leur service, disponible, en les écoutant et, surtout, en ne leur disant jamais comment faire.

Y a-t-il eu des conséquences sur votre vie privée ?

Oui. Au fil des années, j'ai pris l'habitude d'en parler régulièrement en famille. Tous les soirs, lorsque je rentrais chez moi, je m'asseyais avec ma femme et mes enfants, et nous parlions de ce que j'avais vécu dans la journée. L'un de mes fils est d'ailleurs devenu pédiatre, comme moi.

Terry Berry Brazelton

Ces conversations étaient-elles nécessaires ?

Absolument nécessaires. Ma femme m'est d'une aide précieuse. Et dans le travail également, j'ai toujours essayé de m'entourer de personnes qui me faisaient part de leurs réactions et de leurs observations. J'aime le travail en équipe et les échanges. Nous pouvions discuter des cas ensemble, et je le fais encore maintenant.

Au début de votre carrière, avez-vous connu des moments de découragement ?

Bien sûr, tout le temps ! J'étais toujours paniqué quand on me confiait un jeune patient. D'ailleurs, au début, j'en parlais peu autour de moi. Ma peur venait de l'ampleur de la tâche. Quand je suis arrivé dans les hôpitaux pour enfants, il y a trente ans, la situation était désastreuse. C'était peut-être le cas en France, je ne sais pas. J'ai tout de suite compris qu'il fallait changer l'atmosphère de l'hôpital, le rendre plus accueillant pour les familles. Cela m'a pris des années et, bien sûr, j'ai rencontré beaucoup de difficultés. Rien n'a jamais été simple. Le découragement finit par vous envahir à force de vous battre contre les pesanteurs de l'administration. Heureusement, j'ai pu transmettre ces valeurs aux jeunes pédiatres auxquels j'ai enseigné et qui sont aujourd'hui installés dans tout le pays. Je trouve nos pratiques médicales terribles, très destructrices, mais j'ai réussi à survivre.

Avez-vous jamais eu peur de faire des erreurs ?

J'en ai sans doute commis, mais pas de graves. Ce qui m'a sauvé, je crois, c'est une chose que j'ai apprise très jeune, et qui fait toute la différence : j'ai appris à écouter, plutôt que de parler. Cela change tout. Si vous dites à quelqu'un ce qu'il doit faire, alors vous pouvez effectivement commettre des erreurs irréparables. Si vous l'écoutez, vous entendez ce qu'il peut faire ou ne pas faire, et alors vous pouvez l'aider à décider. C'est sans doute l'un des principaux apprentissages que j'ai retenus de la psychanalyse. C'est devenu une sorte de mantra pour moi, qui est même à la base de tous mes livres : écouter, rester attentif. Plutôt que donner une réponse arbitraire et définitive, je préfère donner des aperçus, des pistes pour aider le patient à prendre lui-même sa décision.

Quelle est la principale différence entre le jeune médecin que vous étiez et l'homme que vous êtes aujourd'hui ?

Je ne sais pas. Peut-être ai-je moins peur aujourd'hui ? Ou peut-être n'y a-t-il aucune différence. En fait, je ne me suis jamais posé la question. Je me suis toujours beaucoup amusé, car j'aimais mes patients et tous les enfants que je voyais en consultation. Et je voulais que les enfants m'aiment ! J'ai tout fait pour être amical avec eux, pour les aider pendant les traitements médicaux. Et je pense qu'ils m'aimaient. C'est peut-être ce qu'il y a de plus triste aujourd'hui : c'est dommage que les médecins soient à ce point obligés de voir leurs patients en si peu de temps. Les visites sont très rapides et ils passent à côté de tout.

À quoi ressemblait votre cabinet lorsque vous receviez vos jeunes patients ? Était-il comme ce bureau ?

Non, ici je reçois les étudiants en médecine. Mon cabinet avait deux pièces : un endroit pour recevoir les patients, souvent avec leur famille, et, à côté, une grande pièce de jeu, avec des fauteuils, des coussins sur lesquels les enfants pouvaient grimper. Il y avait aussi un petit tunnel où ils pouvaient se cacher, un aquarium avec des poissons et beaucoup de pierres. En grandissant, les enfants revenaient me demander des nouvelles des poissons !

Aviez-vous l'habitude de travailler en face-à-face ?

Oui. Je n'aimais pas allonger les enfants. Les plus petits s'asseyaient sur les genoux de leur mère, et lorsqu'ils grandissaient, ils s'asseyaient sur une chaise. Pour les examiner, ils pouvaient monter sur ma table, mais seulement s'ils le voulaient.

Aviez-vous un moment de préparation, ou passiez-vous simplement d'un patient à l'autre ?

D'abord, quand un patient arrivait, j'avais déjà étudié son dossier. Je prenais des notes après chaque visite, pour me souvenir des questions à poser lors de la séance suivante. Je relisais ce dossier avant, puis j'accueillais mes patients en leur posant des questions simples qui leur rappelaient parfois la visite précédente, créant ainsi une sorte de continuité. Aux tout-petits, je posais souvent une question sur leur « doudou ».

Avez-vous un point de vue particulier sur l'argent ?

Oh non, personne ne m'a jamais donné d'argent ! Mes patients me l'envoyaient à la fin du mois ou parfois me donnaient autre chose. J'ai souvent troqué la pédopsychiatrie contre des peintures ou des sculptures ! J'ai donc beaucoup de tableaux qui n'ont aucune valeur, sauf un Matisse, qui m'a été offert par l'un de ses arrière-petits-fils.

Ici aussi, dans votre bureau, il y a beaucoup de peintures...

Oui, ce sont des peintures d'enfants, ceux de ma famille, mais aussi des petits patients qui me les ont envoyées. Dans mon cabinet aussi, les murs étaient pleins de dessins d'enfants. Je les garderai toujours.

Votre souhait actuel serait, paraît-il, de raconter vos mémoires pour vos enfants. Qu'aimeriez-vous leur dire ?

J'ai eu tant de chance dans ma vie, et tant de gens y ont participé, que j'essaie d'écrire mes mémoires pour eux, et aussi pour que mes enfants et mes petits-enfants puissent la connaître. Il n'y a pas vraiment de leçons à en tirer, mais j'aimerais insister sur le fait que ma vie n'est pas toujours allée de soi. Rien n'a été facile. Même s'il y a eu une part de chance, j'ai travaillé dur. Lorsqu'on a de la chance, il faut savoir la saisir et l'apprécier.

Est-ce la grande leçon que vous retenez ?

Oui, lorsqu'on vous donne beaucoup, il faut être reconnaissant. Pour ma part, j'ai eu la chance de trouver ma vocation très tôt et de m'y tenir. Parce que l'un des problèmes aux États-Unis est qu'il y a tant d'opportunités qui s'offrent qu'on peut facilement se disperser, se noyer dans ses choix. Comme ma famille était privilégiée, j'aurais donc pu m'orienter dans bien d'autres voies...

Terry Berry Brazelton

Trouvez-vous des réponses à des questions personnelles dans cette profession ?

Tout le temps. Chaque patient me renvoie en arrière et me permet de mieux me comprendre. C'est étonnant car je pensais justement à cela il y a quelques jours. Je reviens de La Nouvelle-Orléans, où je me suis rendu avec mon équipe. Après l'ouragan, nous avons parlé aux enfants et aux familles, des familles qui ont été séparées et déchirées. J'ai réalisé que le problème n'était pas seulement celui de l'ouragan, mais l'accumulation de différentes « strates » de douleur : il y a eu le 11 Septembre, puis la guerre en Irak, les souffrances qui l'ont suivie, et maintenant la nature qui blesse. C'est dur à comprendre pour les enfants. Ils ne comprennent pas pourquoi nous sommes ainsi à la merci des autres, ni pourquoi les Noirs sont à ce point mal aimés dans ce pays. Comment en sommes-nous arrivés à cette terrible situation ? Avec un président qui détruit notre pays et nos relations internationales... c'est très inquiétant...

Que pouvez-vous faire ?

En parler. Je pense que nous devons arrêter de promettre aux enfants un monde totalement sûr. C'est inacceptable de leur faire des promesses de ce genre. Notre rôle est au contraire de faire apparaître leur résistance, leur capacité à tenir le coup. Ils ont bien souvent au fond d'eux la force pour surmonter les problèmes. Après un événement tragique, la parole et l'écoute ont un rôle de catalyseur à jouer.

Voyage au pays des psys

Avez-vous beaucoup appris de l'étude de la psychologie ?

Certainement. J'ai été président de la Society for Research and Child Development pendant des années, j'ai donc pu apprendre ce que d'autres étudiaient en même temps que moi. J'ai particulièrement aimé suivre les travaux de Serge Lebovici, en France, ou de Milani Comparetti, en Italie. Je crois que très peu de malades sont réellement fous. Tout le monde a des motivations pour faire ce qu'il fait, et très souvent ces motivations naissent de quelque chose que l'on a en soi.

Pensez-vous que c'est le genre de travail qu'on ne cesse jamais ?

Oui (*sourire*). Je suis pédopsychiatre à vie ! Je n'arrêterai jamais...

Marcel Rufo

« J'ai peur parfois que les adultes se prennent pour des grandes personnes. »

*Depuis plus de trente ans, le Pr Marcel Rufo est l'un des plus grands spécialistes français de la pédopsychiatrie. Longtemps chef de service à Marseille, il dirige depuis septembre 2004 La Maison des adolescents (La Maison de Solenn) à Paris. Marseillais truculent, ses ouvrages parfois polémiques (*Œdipe toi-même, Tout ce que vous ne devriez jamais savoir sur la sexualité de vos enfants...*) l'ont désormais rendu célèbre. Fils de maraîcher, Marcel Rufo a grandi sur les marchés et dans l'ambiance chaleureuse et extravertie des familles italiennes immigrées. Est-ce là l'origine de sa verve ? L'appétit de vivre et la curiosité semblent sans limites pour ce passionné de sport et de Rimbaud.*

*Certains lui reprochent sa surmédiatisation. D'autres lui reconnaissent un vrai talent de conteur. Il n'hésite pas à livrer une part de son intimité, lui qui commençait l'un de ses livres (*Si la séparation m'était contée*) par cette phrase :* « Enfant déjà, je savais que je serais un jour orphelin », *racontant ainsi les disputes incessantes de ses parents et son désarroi d'enfant.*

C'est un homme très affairé qui accepte de se prêter au

Voyage au pays des psys

jeu de l'interview au bar d'un hôtel parisien. Et, comme à son habitude, il se montre tout de suite volubile et passionné...

Isabelle Giordano : Avez-vous un style particulier de consultation ?

Marcel Rufo : Oui, je m'adresse toujours en premier à l'enfant. Je lui demande pourquoi il vient. Récemment, par exemple, j'ai vu une famille entrer dans mon bureau : un garçon de seize ans, un de huit ans et les deux parents. Le fait de faire entrer tout le groupe en même temps, je l'ai appris de la psychiatrie comorienne. Aux Comores, on va chez le médecin en famille, avec dix ou quinze autres personnes, les parents, les voisins... Alors moi, je dis : « Venez. Faites comme les Comoriens. Venez en famille... » Et je m'adresse à l'enfant : « Dis-moi pourquoi tu viens me voir ? » Il me répond : « Je viens te voir parce que depuis quelques mois, avec mon grand frère, on fait chambre à part. » Il avait peur la nuit, mais son grand frère en avait marre d'être réveillé en pleine nuit ; on les avait donc installés dans deux chambres séparées. Et le grand frère a répondu : « Non ! On ne fait pas chambre à part. Simplement, tu m'embêtes la nuit quand tu dors. » Voilà pourquoi je trouve que la richesse de l'interprétation des enfants fonde déjà l'alliance thérapeutique ou psychothérapique. Il y avait dans ces paroles un début d'interprétation. Après, bien sûr, je m'adresse aux familles, en essayant de ne jamais culpabiliser les parents. Dans les familles où il y a un enfant en difficulté, on observe une certaine tendance à culpabiliser les parents. Si vous voulez faire de vos consultations des fonds de commerce, vous allez un peu dans la culpabilité des parents et vous la fixez. Moi j'essaie toujours de recentrer mon intérêt sur l'enfant. Je dis souvent aux parents, quand ils me parlent d'eux : « Vous êtes un peu grands pour moi. Je ne sais pas si je suis compétent... »

Vous êtes connu comme pédopsychiatre, vous travaillez depuis longtemps avec des enfants et des adolescents. À quel moment avez-vous fait ce choix ?

Très tôt. Au début, j'ai travaillé pendant un an et demi dans un asile. Il y avait des personnes hospitalisées depuis dix-huit ans. Je me suis dit que plus tôt on intervenait, plus vite on pouvait éviter les dégâts. Sur ce plan-là, la psychiatrie est en accord avec la médecine. Pour être psychiatre, il faut guérir de la médecine. C'est un long travail, très complexe. Un pédiatre voit un symptôme, alors que le psychiatre d'un enfant ne doit pas s'intéresser au symptôme pour en interpréter le sens. Ce sont deux approches foncièrement différentes.

Vous sentez-vous plus à l'aise avec les enfants ?

Je vais vous faire la réponse de mon maître, mon idole absolue : Michel Soulé. C'est un grand psychanalyste, le plus fort d'entre nous. Lui pense que les pédopsychiatres gardent une névrose infantile active. Je crois en effet que la part infantile, toujours présente en moi, m'aide dans mon travail. J'ai peur parfois que les adultes se prennent pour des grandes personnes. Récemment, lors d'une séance, j'ai encore dit aux parents qui consultaient :

Voyage au pays des psys

« Laissez-nous entre enfants ! » Les internes étaient stupéfaits : « Vous vous rendez compte de ce que vous avez dit ? » Je ne l'avais pas fait exprès... Aujourd'hui, impossible pour moi de m'imaginer psychiatre d'adultes. Je n'en aurais ni les compétences ni les capacités intellectuelles. Je crois vraiment que je suis pédopsychiatre, un point c'est tout.

Qu'est-ce que cela représente pour vous ?

L'autre jour, je relisais *Colomba* de Prosper Mérimée. Avec son style fabuleux, il écrivait : « À ce stade où on est de la discussion, le lecteur sera étonné d'apprendre que... » Je pense que la psychiatrie infantile vous fait entrer dans une nouvelle, comme celle de Mérimée, dans laquelle vous devez réussir la chute. Et cette fin dépend toujours du travail thérapeutique qui se noue entre le psychothérapeute, le psychiatre, le psychologue ou le psychanalyste, l'enfant et sa famille. L'honneur de la pédopsychiatrie, c'est qu'on n'est pas prédictif. On ne sait jamais comment les enfants vont évoluer. Je vais vous donner un exemple : lorsque je grimpe dans les calanques de Cassis, je sais que je risque de me casser la gueule. Je cherche, je transpire et puis je trouve un appui et j'escalade. Une fois arrivé en haut, je me dis : « Quelle belle escalade ! » Eh bien, c'est ça la pédopsychiatrie. C'est le petit surplomb qu'on trouve pour continuer l'escalade. On ne peut pas préjuger de l'escalade, de sa fin ou de sa réussite. Vraiment, j'insiste là-dessus, l'honneur de la pédopsychiatrie est de ne pas être prédictive. Elle n'est même pas neurographique, ni même diagnostique.

Marcel Rufo

Comment décrire ces liens que vous pouvez nouer avec vos jeunes patients ?

L'intérêt, à mon avis, de la psychiatrie infantile réside dans le fait qu'on ne se focalise pas uniquement sur la guérison : on s'intéresse autant aux cas que l'on guérit qu'aux autres. Ce métier demande de l'humilité. Un psychothérapeute n'est utile que lorsque qu'il ne sert plus. Si on a pu aider, tant mieux. Mais il y a aussi tous ceux qui restent fixés, je pense principalement aux enfants handicapés et à leur famille, avec lesquels on garde forcément un lien. C'est pour eux, pour tous ces cas que je n'ai pas pu secourir, que je garde une consultation à Marseille ; pour qu'ils puissent venir me revoir et me dire : « Ça va mal. »

Vous a-t-on déjà dit que vous suscitiez des vocations ?

Beaucoup de jeunes adolescents viennent me voir en me disant : « Je veux être pédopsychiatre. » Ils ont parfois à peine quatorze ans. Si mon père entendait ça, il en tremblerait. Je suis sûr qu'il s'exclamerait : « Non seulement tu l'as été, mais en plus tu veux que d'autres le deviennent ! Tu m'auras vraiment tout fait ! »

Vous-même, auriez-vous pu envisager une autre carrière professionnelle ?

Je suis passionné par mon activité de pédopsychiatre. Mais si je réfléchis bien, on peut dire que j'ai deux autres métiers dans la vie, deux autres passions : le rugby et la voile. Si je n'avais pas choisi la médecine, je crois que

Voyage au pays des psys

j'aurais rêvé d'être journaliste sportif de rugby. Je suis aussi un fou de voile, j'en fais dès que j'ai l'occasion. Je suis italien (ligure, exactement) par mes origines maternelles et, quand j'étais ado, la voile occupait déjà la majeure partie de mon temps. J'ai même été l'équipier du célèbre chef d'orchestre Herbert von Karajan sur son bateau *L'Helisara*. Je faisais toutes les courses de voile possibles en Manche, en Méditerranée ; je naviguais partout !

Qu'est-ce qui vous a finalement convaincu de choisir la psychiatrie ?

Après mon bac, je me suis inscrit à Sciences Po, à Paris – à l'époque c'était facile, avec une petite mention on pouvait rentrer à Sciences Po. Je ne savais pas exactement ce que je voulais faire. J'envisageais éventuellement le journalisme, et pourquoi pas le journalisme sportif, ce n'était pas bien clair dans ma tête. À ce moment-là, ce qui m'occupait vraiment, c'était le bateau. J'étais en navigation sur *L'Helisara* en pleine mer Egée et le maestro Karajan était parti pour l'un de ses congrès habituels. Nous étions trois sur le bateau, trois jeunes gens entre dix-sept et dix-huit ans, un peu insouciants. Nous avons traîné, pris notre temps, profité de ce beau voilier. On a inventé que le moteur était cassé et qu'il fallait revenir à la voile. Ainsi, au lieu de ramener le bateau en huit jours, nous avons mis trois ou quatre semaines. Le problème est que, lorsque je suis rentré, mon inscription à Sciences Po n'était plus valable. Je me suis alors inscrit in extremis dans la dernière fac ouverte, qui était la fac de médecine ! J'ai pris conscience rapidement que les maths, finalement, c'était moins compliqué que la philo. Je me suis donc retrouvé propulsé en deuxième année de médecine à dix-huit ans. J'ai réussi avec de la chance, parce que je n'étais pas bon en biologie et assez moyen en anatomie. Je me suis orienté vers la pédiatrie, mais dès cette époque, je savais que la psychiatrie serait mon choix.

Comment l'avez-vous su ?

Je l'ai su parce que j'avais vis-à-vis des malades une tendresse particulière. Ce qui m'intéressait, ce n'était pas leur maladie, mais leur vie, leur passé, la façon dont ils vivaient ce moment de passage. J'avais beaucoup de mal, en tant que soignant, à admettre la mort d'un enfant. La médecine demande parfois un courage que je n'ai pas. En 1976, alors que j'étais chef de clinique, j'ai introduit des jouets à l'hôpital et j'ai proposé de faire « opérer » cinq cents ours. Vous voyez, j'étais déjà très perturbé ! C'était une manière pour les enfants malades de mieux affronter les chocs opératoires. Finalement, la représentation de la maladie m'intéresse plus que la maladie.

Vous saviez déjà, avez-vous dit, que la psychiatrie serait votre choix. Est-ce une passion qui s'est révélée dès votre plus jeune âge ?

Non, à l'adolescence, je n'étais pas très « psy ». J'avais un copain que j'adorais, c'était un vrai schizophrène, complètement malade, mais qui me faisait rire comme tout. Il faisait des choses si singulières ! Je le trouvais éblouissant. À côté de ça, je côtoyais aussi dans mon

Voyage au pays des psys

entourage un enfant trisomique psychotisé avec qui je refusais catégoriquement de jouer, alors vous voyez... L'adolescence n'est pas un moment où l'on est très oblatif. L'adolescence sert à se construire. À se plaire pour plaire. C'est là, vraiment là, que la négociation narcissique est bien compliquée. Comme vous pouvez le constater, à cette époque, la psychologie n'entrait pas du tout dans mes centres d'intérêt. Encore que... Je me dois de vous raconter une anecdote : j'avais un copain feignant, qui fumait un peu et qui ne voulait pas aller en classe. L'autre jour, je vais à Calvi et je le croise. Il me dit : « Tiens, au fait, tu m'as sauvé la vie. Tu m'avais parlé un soir en me recommandant d'arrêter de faire le con, de faire le beau. Tu m'avais dit que si je continuais à sécher les cours et à me camer, je deviendrais un vrai abruti ! » Il m'a affirmé que mes paroles l'avaient aidé à changer de voie. Aujourd'hui il est enseignant et dessinateur. Cet épisode, vous voyez, je l'avais complètement oublié... Sûrement les inquiétantes prémisses qui allaient me conduire à la psychiatrie !

Vous rappelez-vous vos premiers cas cliniques ?

Oui, en 1965, je me souviens d'une vieille folle qui était paraphrène[1] : elle racontait toujours qu'elle avait été prise par le diable plusieurs fois. La première fois, je suis resté stupéfait face à elle. Un peu bouche bée, à vrai dire ! Je me souviens aussi d'un Antillais qui avait fui son pays et que, naïvement, j'avais essayé de ramener aux Antilles : il

---

1. La paraphrénie est une forme de délire qui repose sur la fabulation.

m'avait sauté dessus pour me battre, croyant que j'étais dans le « complot ». J'avais une véritable fureur de guérir, ne supportant pas la psychose. Un autre souvenir encore : Béatrice, une jeune femme, est venue me voir il y a quelque temps avec son bébé pour une consultation. Son enfant n'allait pas bien. Je lui ai proposé, comme je fais souvent, une consultation en vidéo, afin de permettre aux internes de suivre le travail de l'autre côté. « Ce bébé a un trouble du sommeil ? » lui ai-je dit. Elle a acquiescé, m'a raconté qu'elle dormait avec son bébé depuis le départ de son mari. J'ai poursuivi, faisant une sorte de cours à cette fille pour que les internes comprennent : « Je sais que vous avez eu besoin de ce petit garçon. Maintenant, détachez-vous ! Parce que c'est par la séparation-individuation que vous le rendrez libre. » À la fin de notre entretien, elle m'a demandé si je me souvenais d'elle : c'était l'une des premières gosses que j'avais suivies pour une névrose obsessionnelle dans les années 68-69. « Je peux vous dire quelque chose, monsieur Rufo ? m'a-t-elle demandé pour finir. Vous avez fait beaucoup de progrès en psychiatrie » (*rires*).

Le fait de retrouver ainsi vos patients guéris, plusieurs années après, semble vous apporter une satisfaction nécessaire ?

Je suis tellement content quand un gosse relance un jeu psychique, j'ai l'impression qu'il fait de nouveau partie de la communauté humaine. Je me sens dans une position communautaire, égalitaire, dans une position de mutualisation de pensée. Il y a quelques mois, j'ai suivi une petite fille adorable de neuf ans qui a une maman psychotique.

Au début de l'entretien, nous avons envisagé la prise en charge psychothérapique de la maman. Cette petite fille avait peur ; elle ne voulait pas avoir d'enfant parce que, disait-elle, les enfants souffrent quand ils ont une maman comme ça. C'est une enfant adorable, et géniale dans sa capacité d'expression. Au bout de quelques semaines, elle m'a annoncé avec une tranquillité déboussolante : « J'ai compris que maman est psychotique, mais que moi, je serai un autre type de maman ; et je crois que je n'ai plus besoin de vous voir. » J'adore ce moment du départ, même s'il est douloureux parfois. Comme quand les psychanalystes disent : « Bonne route ! » C'est un pari sur la destinée, qui n'est jamais un pari absolu mais qui est une manière de dire : « Toi aussi, tu peux rouler et partir à la conquête du monde... »

Vous arrive-t-il, le soir, de repenser à votre journée de travail ?

Ah oui ! Je suis contaminé, je suis pollué ! Quand je rencontre un nouveau patient, il faut à tout prix que je trouve une solution psychique. Il m'arrive à n'importe quel moment de la journée de comprendre brutalement ce que je n'ai pas saisi dans une relation. Cela peut me tomber dessus n'importe quand. Comme ce jour, en Ligurie, où je passais mes vacances ; j'ai soudainement compris un truc que m'avait dit un gosse. Donc, je passe mon temps à penser. Les véritables médicaments ne sont pas les antidépresseurs, mais précisément le jeu psychologique. J'essaie souvent de contractualiser ce type de système avec des ados et leur famille.

Marcel Rufo

Et vous le vivez bien ?

Oui. Je considère ce métier comme une grande chance. Les gens me font l'honneur de me raconter leur histoire. C'est un superbe métier. J'ai plus de mal quand je suis confronté directement à la mort. Et encore... Quand je vois un gosse schizophrène, j'ai d'abord envie de me battre avec toute mon énergie pour le sortir de cette maladie, avant de devoir admettre qu'il est schizophrène. Je me demande si je ne suis pas de moins en moins psychiatre. L'autre jour, j'ai vu une famille adorable qui subit une terrible maladie héréditaire transmise par la maman à ses deux garçons ; sa fille aussi en est porteuse. J'étais vraiment mal. Je me suis senti bête. J'ai renforcé la proximité avec les parents et j'ai souffert avec eux. Je ne pouvais rien faire d'autre. Je sentais mes propres limites. Dans toutes les situations, je suis prêt à me battre de toutes mes forces, comme à aller sur toutes les îles du monde pour trouver la plante rare que ma grand-mère mettait dans la poitrine de veau.

Puisque vous l'évoquez, parlez-nous de cette grand-mère qui semble avoir beaucoup compté pour vous.

En effet, quand j'étais petit, j'étais l'otage affectif d'une grand-mère très puissante. Une vraie mamma italienne qui cuisinait des poitrines de veau farcies incroyables. Elle faisait ses pâtes à la main ; toute sa cuisine était blanche de farine. Ma grand-mère avait pour moi une affection un peu particulière, un peu dangereuse car elle reportait sur moi plusieurs choses. Elle avait été veuve tôt, et ce deux fois de suite. Elle reportait sur moi l'amour de ces hommes qu'elle avait aimés mais avec lesquels elle n'avait pas vécu. À cela s'ajoutait peut-être son histoire complexe avec son fils, éternel célibataire, une tendance scandaleuse à l'époque. Je crois qu'elle avait du mal à le comprendre, sa trajectoire lui échappait. Elle était donc en carence de petit garçon, et j'étais tout naturellement passé sous son emprise. Ensemble on faisait des voyages incroyables. Elle m'emmenait partout, me faisant manquer ma scolarité ; elle ne tenait compte de rien. Elle qui était d'un milieu plutôt laïque s'est mise sur le tard à pratiquer un catholicisme actif. C'est ainsi qu'elle m'emmena voir le pape. Je me souviens de nos séjours à Rome, comme je tremblais de peur en voyant passer le pape sous nos yeux ! Elle était née en Italie, et pour rien au monde, malgré sa nouvelle vie en France, elle n'aurait voulu rompre avec son pays. Elle y retournait régulièrement et m'emmenait avec elle à Imperia, la ville de ses origines. Ce qui fait que je suis le seul, dans ma famille, à parler italien, car mes parents ne le parlaient pas du tout.

Ces souvenirs d'enfance, autant que la personnalité complexe de votre grand-mère, ont forcément influencé votre personnalité et même peut-être votre vocation ?

Sûrement ! Je me souviens notamment de nos voyages en train. C'était l'époque des locomotives à vapeur. Quand on montait dans le train, ma grand-mère occupait immédiatement la scène du compartiment : elle imposait aux gens de manger, soi-disant pour combattre l'anxiété de la frontière. Elle proposait de la nourriture à tous ses voisins. Elle apportait du sucre, des bananes et du café en Italie. Il ne faut pas oublier que dans les années 50, l'Italie était démunie, ayant perdu la guerre. Le pays était dévasté. Moi, je sortais du compartiment et je me penchais à la fenêtre de la locomotive. En me penchant, je prenais parfois des escarbilles dans les yeux, ce qui me faisait mal. Quand je retournais dans le compartiment, ma grand-mère me voyait avec les yeux rougis. Mais lorsqu'elle me demandait pourquoi ces larmes, bizarrement je lui répondais : « Je pleure parce que c'est le crépuscule ; les gens allument les lumières dans leur maison et je ne parlerai jamais à ces gens. » Je mentais pour me défausser de la folle qui me servait de grand-mère, mais en même temps le mensonge était intéressant, il disait vrai. Il parlait déjà de ma vocation. À cette époque, j'étais tout petit, j'avais cinq ans.

Vous n'avez ni frères ni sœurs ?

Non, et c'est intéressant comme remarque, car je m'aperçois en fait que toutes les familles migrantes de l'époque n'avaient qu'un seul enfant, sur lequel ils misaient tout : la réussite et l'ascension sociale. Plus tard, l'amélioration des lois sociales a permis d'avoir plusieurs enfants, mais à cette époque la migration était synonyme de rupture avec le pays d'origine et tendait à tout parier sur l'enfant unique. Qui plus est, je suis issu d'un milieu superbement modeste : mes parents et toute ma famille vendaient des légumes et des fruits sur les marchés. J'ai d'ailleurs gardé des séquelles graves quant aux primeurs : aucun fruit n'est assez beau pour moi !

Voyage au pays des psys

Et vos parents, quel regard portent-ils sur votre travail ?

Ma mère, c'est simple, j'étais son idole. En primaire, lors de la remise des prix d'excellence, elle m'habillait le jour J en me recommandant de traverser l'allée tout doucement : « Tu me feras un petit signe quand tu monteras sur l'estrade », me soufflait-elle. J'étais le roi. On me témoignait en permanence des marques de narcissisme et d'affection. J'ai donc eu une enfance baignée d'amour par ces parents très simples, mais qui m'auraient admiré quoi que je devienne. La chance des origines modestes permet de réussir. J'aurais été facteur, ma mère aurait dit que ça finissait comme « professeur », et que c'était pareil... Mon père était très important pour moi. Autant ma mère était excessive, envahissante, passionnelle, autant mon père était pudique, en repli ; il avait un quant-à-soi inébranlable. Aujourd'hui, avec le recul, je me rends compte de la chance que c'était d'avoir ce père-là. Pour lui, marchand de légumes, faire médecine, c'était bien. Il a manifesté moins d'intérêt lorsque je faisais pédiatrie, au tout début ; pourtant il avait eu un frère et une sœur décédés très jeunes, les gens modestes pouvaient mourir à cette époque de méningite et de toxicose. Alors mon père disait : « Mon minot, il soigne des enfants bien fatigués. » À Marseille, « bien fatigués », ça veut dire mourants. Le jour où je lui ai dit : « Tu sais, papa, je vais arrêter pédiatrie et je vais faire pédopsychiatrie », il m'a répondu : « Je savais que ça se terminerait comme ça... » C'était comme si je lui annonçais une catastrophe. À partir de ce jour, quand ses amis lui demandaient : « Alors, ton minot, qu'est-ce qu'il fait ? Il soigne toujours des enfants bien fatigués ? », il secouait la tête : « Non, non...

Il fait des études... » La honte était tombée sur moi. Mais vers la fin de ses jours, il a un peu compris que la pédopsychiatrie pouvait être utile.

Puisqu'on évoque le regard de vos parents sur votre métier, qu'en pense votre fille ?

Je tiens déjà à dire qu'elle a réussi à faire ce que j'aurais vraiment voulu réaliser. Moi j'ai eu peur, elle non. Elle a fait Normale Sup. C'était vraiment mon rêve. Elle est philosophe. Et pour répondre à votre question, ma fille est en opposition. Elle fait tout pour me montrer qu'elle est plus intelligente que moi – ce qui est une évidence –, mais elle me dit : « Ne fonctionne pas par analogie ! », ce à quoi je réponds : « Je fais ce que je peux. » Les enfants de psy craignent toujours, comme les patients, qu'on interprète leurs sentiments. Par exemple, quand elle a une difficulté, si je m'autorise à donner mon avis, elle croit que c'est un avis de psy, alors que c'est un avis de papa. Elle me dit : « Tais-toi, ne fais pas ça ! Je déteste que tu m'interprètes ! » Il est vrai que, quand on vit en permanence dans les mécanismes psychiques, de temps en temps on peut être couillon ! Mais je revendique le droit d'être couillon de temps en temps avec ma fille. Elle a vingt-quatre ans. Avec elle, je ne suis pas psy. Je suis son papa et je suis aussi bête et maladroit que tous les papas du monde avec leur fille. Je crois qu'il y a eu aussi des moments un peu tragiques dans son enfance. Quand je rentrais le soir, elle me demandait : « On joue ? » et je disais : « Je ne peux plus, j'ai joué toute la journée ! » Elle répondait : « Tu ne veux pas jouer avec moi ? » et je crois qu'elle en souffrait. Je crois que les enfants d'un pédopsychiatre vivent une rivalité affective avec ses jeunes patients.

De quel autre psy vous sentez-vous le plus proche ? Vous aide-t-il lorsque vous vous sentez « dépassé » ?

Je discute avec René Soulayrol, qui fut mon chef de service. J'évoquais tout à l'heure Michel Soulé, que je considère comme mon maître. Eh bien, de temps en temps, je vais aussi déjeuner avec lui et il m'aide ! En plus d'être le maître de la discipline, c'est aussi le plus drôle. C'est lui qui a le plus de « jeu psychique ». Lorsque j'ai hésité avant de venir à Paris pour m'occuper de la Maison des adolescents, c'est vers lui que je me suis tourné. Il m'a dit : « Venez ou refusez ! Si vous venez, c'est merveilleux, si vous refusez, c'est encore plus beau. » Donc j'étais libre et en même temps libéré. Michel Soulé a un autre fils spirituel, Bernard Golse, qui est professeur à Paris ; il disait souvent : « Golse est le meilleur en théorie, et Rufo, le meilleur en clinique. Mais le plus fort toutes catégories confondues, c'est moi ! » Il ne manque pas d'humour. Et c'est vraiment un grand, grand maître.

On parle souvent de vous comme d'un personnage très médiatique. Comment réagissez-vous à cela ?

J'aimerais ici souligner quelque chose d'essentiel : il existe deux types de psy, comme il y a deux types d'enseignant. Ceux qui doutent que la télévision existe et ceux qui ont compris qu'elle existait. Moi, je pense que le mode de diffusion télévisuelle, de même que celui de la radio, est irremplaçable pour les ados. C'est un média puissant. On doit utiliser la télévision comme mode de transmission d'un savoir.

N'avez-vous pas peur de l'excès de vulgarisation ?

Si. Mais il y a une différence entre populaire et populiste. Populaire, c'est bien ; populiste, c'est scandaleux. Si on arrive à faire comprendre au public des choses aussi difficiles que ce qui touche à la psychiatrie, alors on fait œuvre de pédagogue. Je mets néanmoins un bémol à tout ça.

Comment se manifeste ce « bémol », quelles sont ces limites ?

J'ai toujours refusé d'apparaître de manière chronique et régulière dans une émission. Je ne fais que des choses ponctuelles. J'ai refusé quantité de propositions honnêtes et passionnantes de la part des chaînes de télévision. Parce que j'ai l'impression que l'un des dangers de la médiatisation est de devenir une image et de ne plus être une réalité. De ne plus être un clinicien, mais un clinicien virtuel. Vous créez un leurre dans ce que vous pouvez apporter ; les gens imaginent de vous des choses dont vous n'êtes pas capable. Vous êtes responsable de l'image que vous émettez. Le risque existe. Je crois que ça deviendrait toxique chez moi et, dès lors, j'arrêterais ce métier. Mais rassurez-vous, la télévision ne représente pas un fantasme en soi. J'utilise depuis des années la vidéo pour enseigner. Quand je passe dans une émission, cela ne change rien pour moi et ne m'a jamais impressionné. Et si un jour je me sens impressionné, ça voudra dire que mon narcissisme est touché, que je suis blessé, que j'ai besoin d'une transfusion télévisuelle de narcissisme ou que des fragilités de ma vie apparaissent et me mettent en situation de « paraître » au lieu d'« être ». Je crois que les journalistes ont une belle capacité à tuer les fragiles, ou ceux qui le deviennent. Alors, ils n'hésiteront pas à s'occuper de moi... J'appartiens à un milieu étrange, où il ne faut jamais être en demande. Et moi je ne demande rien. Si on ne m'appelle plus, c'est qu'on aura trouvé plus transmetteur que moi. Et je n'y vois pas d'inconvénient ! Il n'y a aucun narcissisme là-dedans !

Le « narcissisme » est-il malgré tout à l'œuvre dans l'exercice de votre métier ?

C'est le problème de toute la profession. Le problème de la compétence du psychiatre, c'est la distance. De temps en temps, il faut savoir être près ; et parfois il faut savoir s'écarter. Ce n'est pas une position fixée. C'est en ce sens que je critique les psys qui appliquent quatre ou cinq « prêt à penser » et qui croient ainsi faire de la psychiatrie. Non ! Il faut savoir s'adapter en permanence aux sujets en souffrance. Il faut moduler sa présence, son intervention. Parfois, vous aurez peut-être du mal à me croire, mais je me tais... Parfois je parle. Puis je reparle et je me tais à nouveau. Tout est un problème d'espace, d'aménagement de dimensions.

Mais pensez-vous qu'il y ait aussi une satisfaction de l'ego ?

La seule chose qui compte, c'est le doute. Avec trop de certitudes, on détruit l'autre. Au contraire, je suis toujours en train d'essayer de compléter mes compétences, de progresser. J'ai fait des progrès récents en psychiatrie d'adolescents. Et j'essaie de les utiliser dans le cadre de La Maison des adolescents. En fait, j'utilise l'imagination pour masquer un doute. Je mets aujourd'hui dans ce nouvel établissement beaucoup de passion, d'énergie. C'est un vrai pari. J'espère continuer à douter toujours. De toute façon, je crois que je suis incurable maintenant.

Pourriez-vous un jour imaginer arrêter ce métier ?

Non, jamais ! À quatre-vingt-sept ans, Lebovici disait : « La retraite n'existe pas ! » Il faut à peu près trente ans pour être compétent. Alors ça nous laisse peu de temps pour intervenir. Une fois qu'on est un peu correct, la moindre des choses, c'est de ne pas s'arrêter. Mon rêve pour plus tard est d'être un psychothérapeute tranquille. Voir des gosses trois ou quatre fois par semaine dans une relation intime. Je crois qu'il faut aboutir à l'intime.

Conclusion

Toucher au plus près la condition humaine

De nombreuses heures d'interviews, des moments d'émotion, de réflexion, de rire aussi... Voilà ce que je retiens de ces entretiens. Tous ont été animés par un réel souci de franchise. J'ai été surprise par la manière avec laquelle toutes ces personnalités se sont prêtées à la confidence. Bien sûr, l'exercice de l'auto-analyse était facilité par le fait qu'elles avaient déjà « tiré au clair » leur inconscient.

Moi qui supposais que les psys s'étaient déjà interrogés sur tout, j'étais parfois amusée de voir qu'ils pouvaient encore être surpris par certaines questions. Sans en faire des vaches sacrées, je pensais que leur statut leur conférait un certain mystère, une aura particulière, un supplément d'âme. J'ai rencontré des hommes et des femmes ordinaires, avec leurs qualités et leurs défauts, pétris de doutes et de questions, qui ont simplement placé la réflexion au centre de leurs préoccupations.

Rarement on avait pu pénétrer ainsi dans l'envers du décor, dans l'intimité de leurs pérégrinations introspectives. Pour beaucoup, la psychanalyse est aussi une façon de répondre à des questions existentielles, voire philosophiques, pour « toucher au plus près la condition humaine avec sa sauvagerie et sa barbarie », comme me dira l'un d'eux.

Au-delà d'un certain sentiment d'impuissance, j'en retiens surtout une grande humilité qui les rend définitivement humains. Tous ont l'impression d'avancer à petits pas, tels des artisans penchés sur leur ouvrage, œuvrant millimètre par millimètre.

Chacun a sa propre histoire, son propre cheminement, ses convictions personnelles, parfois contradictoires avec celles de ses pairs. En effet, il existe très peu de points communs entre tous ces parcours, si ce n'est une immense envie de se débarrasser des scories personnelles. Et il est finalement plutôt rassurant de constater que les controverses et les désaccords sont encore fort nombreux pour continuer à faire progresser le débat... loin du dogme et des sentiers battus.

Bibliographie des psys

T. BERRY BRAZELTON

Brazelton vous parle de vos enfants, Stock, 1988.
Familles en crise, Stock, 1989.
L'Enfant et son médecin, Payot, 1993.
Trois bébés dans leur famille : Laura, Daniel et Louis. Les différences du développement, LGF, 1993.
Points forts : Les moments essentiels du développement de votre enfant, LGF, 1999.
À ce soir. Concilier travail et vie de famille, Marabout, 1995 et 2000.
Allons chez le docteur, Odile Jacob, 1997.
Que sont les bébés devenus ?, Érès, 1997.
Échelle de Brazelton, Médecine et Hygiène, 2001.
Ce dont chaque enfant a besoin, Marabout, 2003.
La Naissance d'une famille ou comment se tissent les liens, Le Seuil, 2003.
Apaiser son enfant, Fayard, 2004.
Votre enfant et la discipline, Fayard, 2004.
Points forts 2 : Le développement émotionnel et comportemental de votre enfant, LGF, 2004.

BORIS CYRULNIK

Mémoire de singe et paroles d'homme, Hachette, 1982.
Sous le signe du lien, Hachette, 1989.
La Naissance du sens, Hachette, 1992.
L'Ensorcellement du monde, Odile Jacob, 1997 et 2004.
Si les lions pouvaient parler, Gallimard, 1998.
Les Nourritures affectives, Odile Jacob, 1999.
Un merveilleux malheur, Odile Jacob, 2001.
Ces enfants qui tiennent le coup, Hommes & perspectives, 2002.
Le Murmure des fantômes, Odile Jacob, 2003.
Sans les animaux, le monde ne serait pas humain, avec Karine-Lou Matignon, Albin Michel, 2003.
L'Homme, la Science et la Société, L'Aube, 2003.
La Fabuleuse Aventure des hommes et des animaux, Hachette, 2003.
Dialogue sur la nature humaine, avec Edgar Morin, L'Aube, 2004.
Les Vilains Petits Canards, Odile Jacob, 2001 et 2004.
Visages, avec Gianni Baldizzone, Phébus, 2005.
Parler d'amour au bord du gouffre, Odile Jacob, 2005.

MICHÈLE FREUD

Vouloir mincir, un guide pratique et deux CD audio, mf Éditions, 1999.
Mincir et se réconcilier avec soi, Albin Michel, 2003.
Liste des CD audio publiés sur le site *www.mfeditions.com*
Chroniques et articles à lire sur le site *www.michelefreud.com*

Bibliographie des psys

GÉRARD MILLER

Lacan, Bordas, 1987.
Du père au pire, Grasset et Fasquelle, 1988.
Le Divan des politiques, Le Seuil, 1989.
Malaise, Le Seuil, 1992.
La France des hérissons, Le Seuil, 1995.
Moments de vérité, L'Archipel, 1996.
Psychanalyse 6 heures 1/4, avec Dominique Miller, Le Seuil, 1991 et 2001.
Après la colère, Stock, 2001 et LGF, 2001.
Hypnose, mode d'emploi, Stock, 2002 et Le Seuil, 2004.
Ce que je sais de vous... disent-ils, Stock, 2000 et LGF, 2002.
Minoritaire, Stock, 2001 et Le Seuil, 2003.
Les pousse-au-jouir du Maréchal Pétain, Le Seuil, 1975 et 2004.

MARCEL RUFO

Nés avec la télé, avec B. Golse et M. Soulé, ESF, 1999.
Huit textes classiques en psychiatrie de l'enfant, ESF, 1999.
Vouloir un enfant, avec C. Schilte et R. Frydman, Hachette Pratique, 2001.
Œdipe toi-même !, Anne Carrière, 2000 et LGF, 2002.
Votre ado, avec Christine Schilte, Hachette Pratique, 2003.
Frères et sœurs, une maladie d'amour, Fayard, 2002 et LGF, 2003.
Bébé parle, Hachette Pratique, 2004.
Bébé dort bien, Hachette Pratique, 2004.
Élever bébé (édition 2005), Hachette Pratique, 2004.

Détache-moi, Anne Carrière, 2005.
Bébé pleure, Hachette Pratique, 2005.
Tout ce que vous ne devriez jamais savoir sur la sexualité de vos enfants, Anne Carrière, 2003 et LGF, 2005.
Élever bébé (édition 2006), Hachette Pratique, 2005.

DAVID SERVAN-SCHREIBER

Guérir, Robert Laffont, 2003.
Guérir le stress, l'anxiété, la dépression, sans médicaments ni psychanalyse, Laffont Réponses, 2003 et Pocket, 2005.

CAROLINE THOMPSON

Transfert et états limites, avec Jacques André, PUF, 2002.

SERGE TISSERON

Essais :

L'Érotisme du toucher des étoffes, Séguier, 1978 (en collaboration avec Yolande Papetti).
Tintin chez le psychanalyste, Aubier, 1985.
Psychanalyse de la bande dessinée, PUF, 1987 et Flammarion, 2000.
Hergé, Seghers, 1987.
Clérambault, psychiatre et photographe, Les Empêcheurs de penser en rond, 1990 (en collaboration avec Mounira Khemir).
La bande dessinée au pied du mot, Aubier, 1990.
Tintin et les secrets de famille, Séguier, 1990 et Aubier, 1992.
La Honte, psychanalyse d'un lien social, Dunod, 1992.

Bibliographie des psys

Tintin et le secret d'Hergé, Hors collection, 1993.
Psychanalyse de l'image, des premiers traits au virtuel, Dunod, 1995 et 2005.
Secrets de famille, mode d'emploi, Ramsay, 1996 et Marabout, 1997.
Le Mystère de la chambre claire, Les Belles Lettres, 1996 et Flammarion, 1999.
Le Bonheur dans l'image, Les Empêcheurs de penser en rond, 1996 et 2003.
Le Psychisme à l'épreuve des générations, Dunod, 1996 (sous la direction de Serge Tisseron).
Du bon usage de la honte, Ramsay, 1998.
Y a-t-il un pilote dans l'image ?, Aubier, 1998.
Comment l'esprit vient aux objets, Aubier, 1999.
Nos secrets de famille, Histoire et mode d'emploi, Ramsay, 1999 et 2004.
Enfants sous influence, les écrans rendent-ils les jeunes violents ?, Armand Colin, 2000 et 10/18, 2003.
Petites mythologies d'aujourd'hui, Aubier, 2000.
L'Intimité surexposée, Ramsay, 2001 (Prix du livre de Télévision) et Hachette 2002.
Les Bienfaits des images, Odile Jacob, 2002 (Prix Stassart de l'Académie des Sciences morales et politiques, 2003).
Comment Hitchcock m'a guéri, Albin Michel, 2003 et Hachette, 2005.
Petit manuel à l'usage des parents dont les enfants regardent trop la télévision, Bayard, 2004.
Vérités et mensonges de nos émotions, Albin Michel, 2005.

Voyage au pays des psys

Bandes dessinées et ouvrages illustrés :
Histoire de la psychiatrie en bande dessinée, Savelli, 1978.
Les Oreilles sales, Les Empêcheurs de penser en rond, 1994.
Bulles de divan, Calmann-Lévy/Ramsay, 2001 et Marabout, 2005.
Journal d'un psychanalyste, Calmann-Lévy/Ramsay, 2003 et Marabout, 2004.
Tintouin chez le psychanalyste, Calmann-Lévy, 2004.
La Télé en famille, oui !, Bayard, 2004.
Dessous de divan, Calmann-Lévy, 2005.

Ouvrages avec des photographes :
Nuages Soleil, Marval, 1994 (avec des photographies de Bernard Plossu).
D'air en air, Filigranes, 1995 (avec des photographies de Catherine Noury).
Toi et moi, En Vues, 1995 (avec des photographies de Claude Nori).

JEAN-PIERRE WINTER

Les Hommes politiques sur le divan, Calmann-Lévy, 1995.
Les Errants de la chair, Payot, 2001.
Choisir la psychanalyse, La Martinière Textes, 2001.
Stupeur dans la civilisation, avec Valérie Marin La Meslée, Pauvert, 2002.
Le Sourire d'Isaac, avec Gérard Rabinovitch, Mango Document, 2002.
Les Images, les mots, le corps, entretiens avec Françoise Dolto, Gallimard, 2002.

Remerciements

Merci encore à toutes les personnes interviewées ici pour leur disponibilité et leur désir de partager des réflexions : cela a permis de fructueux échanges d'idées.

Je tiens aussi à remercier ceux qui ont préféré rester anonymes, mais qui ont alimenté mes interrogations, ainsi que Lise Boëll, mon éditrice, pour son regard critique et ses précieuses remarques.

Enfin, un merci tout particulier à Etty Buzyn et Cécile Corre pour leurs réflexions enrichissantes, ainsi qu'à Stéphane, Esther et Joseph, pour leur patience.

Table

Avant-propos 9

Michèle Freud 13
David Servan-Schreiber 35
Boris Cyrulnik 55
Caroline Thompson 83
Gérard Miller 103
Serge Tisseron 131
Jean-Pierre Winter 161
Terry Berry Brazelton 187
Marcel Rufo 207

Conclusion : Toucher au plus près la condition humaine 229
Bibliographie des psys 231
Remerciements 237

Composition Nord Compo
Impression Bussière, mars 2006
Editions Albin Michel
22, rue Huyghens, 75014 Paris
www.albin-michel.fr
ISBN 2-226-16797-8
N° d'édition : 23865. – N° d'impression : 061206/4.
Dépôt légal : avril 2006.
Imprimé en France.